JN409494

너희가 라이파이를 아느냐

현대수필가100인선II · 56

너희가 라이파이를 아느냐

배혜숙 수필선

수필과비평사 · 좋은수필사

■ 책머리에

수필은 누구나 부담 없이 읽고, 마음만 먹으면 직접 쓸 수도 있는 가장 친근한 문학이다. 다른 영역의 문학이 영상매체에 밀려 신음하고 있는 중에도 수필 인구만은 날로 증가하여 바야흐로 수필 전성시대를 구가하고 있는 이유도 거기에 있을 것이다.

시대적 추세에 힘입어 수많은 수필전문지, 수필동인지가 창간되고, 이에 비례하여 신진 수필가도 날로 늘어나다 보니 이제는 그 많은 작가, 그 많은 작품 중에서 문학성 높은 작품을 가려 읽는 일이 쉽지 않게 되었다. 이런 현상은 작가에게나 독자에게나 결코 바람직한 일이 아니다. 더 나아가서는 수필을 연구하는 후세들에게도 큰 부담이 될 것이다.

이런 문제를 해결하는 데는 출판인도 마땅히 한몫을 감당해야 한다는 평소의 소신에 따라, 본사가 기꺼이 그 역할을 맡기로 했다. 그 첫 번째 사업으로 시대를 대표할 만한 수필가 100인을 선정하고, 작가가 자선한 40편 내외의 작품을 수록한 문고본을 발간하여 이를 널리 보급함으로써 그 소임을 다하고자 한다.

본사는 사명감을 가지고 이 사업을 추진해 나가기로 했다. 작가 선정을 전담할 편집위원회를 구성하고 전권을 위임하여 일체의 사적인 정실이나 청탁을 배제함으로써 전문성과 공정성을 확보해 나갈 것이다.

따라서 이 기획물 속에는 작가의 문학정신뿐만 아니라, 본사의 문학사적 기여 의지와 편집위원 제위의 수필문학에 대한 애정과 문인으로서의 양심이 함께 담겨 있음을 자부한다. 다만, 작가를 선정하는 기준에는 많은 견해의 차이가 있을 수 있고, 선정 과정에서도 미처 챙기지 못한 부분이 있을 것이라는 사실만은 인정하지 않을 수 없다. 이 점에 대해서는 관계자 여러분의 양해 있으시기 바란다.

이 시리즈의 발간 순서는 작가, 또는 본사의 사정에 의한 것일 뿐 그 밖의 어떤 기준도 적용하지 않았음을 밝힌다.

본 기획물이 시대를 초월한 많은 수필 애호가들의 관심과 애정 속에 우리나라 수필문학 발전에 한 이정표가 되기를 바랄 뿐이다.

본사에서는 이상과 같은 취지로 ≪현대수필가 100인선≫ 전 100권을 완간하여 큰 반향을 불러일으킨 바 있다.

그러나 우리 수필문단의 규모나 수필문학의 수준에 비추어 선정 작가를 100인으로 한정하는 것은 형평성이나 효율성 면에서 크게 부족하다는 의견이 많았고, 본사 또한 이를 통감하던 터라 기꺼이 ≪현대수필가 100인선Ⅱ≫를 발간하기로 했다.

본사의 충정에 찬동하여 출판에 응해주신 저자 여러분에게 진심으로 감사한다.

2014년 9월 일

수필과비평사 · 좋은수필사 발행인 서 정 환
현대수필가 100인선 간행 편집위원 박 재 식 최 병 호
정 진 권 강 호 형
오 세 윤

1_부

2_부

3_부

4_부

1부

그 여자의 곤충기

'반짝' 하고 빛이 났다. 그녀가 떨어진 볼펜을 줍기 위해 테이블 아래로 허리를 구부리는데 블라우스가 쏠리면서 드러난 어깨에 벌레 한 마리가 보였다. 그것도 푸르스름한 빛을 내는 것이었다.

"반딧불이 아닌가요."

나는 참지 못하고 물었다. 뽀얀 어깨살에 내려앉은 놈은 얼마 전 저녁 시간에 신불산을 내려오다 본, 수풀 군데군데서 황록색 빛을 내던 반딧불이 같았다.

"비-단-벌-레-입니다."

흰 이를 가지런히 드러내고 웃으며 마치 노래하듯 말했다. 비단벌레의 화려한 날개 딱지를 본 적이 있기에 나는 고개를 끄덕였다. 약간의 침묵이 흘렀다. 꽃도 아니고 벌레를 앉힌 그녀의 속마음을 헤아려 보느라 조금 긴장이 되었다. 첫눈에 심상찮은 기운을 뿜어내던 몸짓이 비단벌레 때문이었던가. 머릿속이 뒤엉켰다.

자유기고가로 활동하며 잡지와 사보에 글을 싣고 있는 그녀는 생면부지인 나를 인터뷰하고 싶다고 여러 차례 연락이 왔었다. 나 같은 사람을 취재해서 뭐하냐고 매번 거절을 했다. 그날은 얼굴도 볼 겸 함께 차를 마시는 게 어떻겠냐고 아침부터 전화가 왔다. 목소리에 물기가 스민 듯 나긋나긋하여 그러마고 대답을 하고 말았다. 그런데 제대로 인사를 나누기도 전에 매끄러운 어깨 위에 숨죽이고 있는 비단벌레를 보았다. 내 눈길이 자꾸 그녀의 왼쪽 어깨로 향했다. 비밀스런 곳을 훔쳐보는 것이 멋쩍어 어색하게 웃었다.

"안 보이는 곳에 수컷 한 마리가 더 있어요."

침묵을 깨고 낭랑하게 말했다. 좀 더 은밀한 곳에 있을 비단벌레를 상상하며 눈이 흔들리자 "엉덩이예요."

뽀얀 얼굴을 내 귀에 가까이 대며 속삭이듯 말했다.

아, 언젠가 책에서 읽은 적이 있다. 비단벌레 암수 한 쌍을 몸에 지니고 있으면 마음먹은 사람이 끌려온다고. 즉 사랑의 묘약이라는 뜻이었다. 깊은 눈을 가진 이 여인은 벌레 한 쌍을 몸에 아로새긴 채 누굴 그토록 기다리는 것일까. 보일락 말락 녹색의 빛을 내는 한 마리와 저 아래쪽에서 언제든 어깨까지 날아오를 준비가 된 수놈은 그녀에게 어떤 꿈을 품게 한 것일까.

그녀는 곤충학자가 꿈이었단다. 지금도 『파브르 곤충기』 10권을 옆에 두고 닳도록 들여다본다며 얼굴이 상기되었다. 대학 때는 논문을 쓰기 위해 비단벌레를 찾아 전국을 헤매고 다녔단다. 태양빛이 댕글댕글한 한낮에 비행하는 비단벌레를 쫓아다니느라 까맣게 그을린 피부가 가시지 않는다며 팔을 쑥 내밀어 보였다. 그런데 그 팔은 하얗고 탱탱했다.

곤충기를 시 낭송하듯 줄줄 외는 그녀가 파브르 같았다. 황혼기의 파브르는 철학자처럼 사색하고 시인처럼 곤충을 표현했으니까. 쇠똥구리에서부터 매미와 개미, 사마귀와 여치, 벌과 나비, 전갈과 송충이, 장수풍뎅이와 딱정벌레까지. 나는 수십 편의 벌레에 관한 시를 들었다. 그녀가 관장하는 곤충의 세계에 점점 발이 빠지는 것 같아 속이 울렁거렸다. 내 몸이 곤충이 되어가는 기분이었다.

비단벌레라면 나도 마음에 품고 산 적이 있다. 경주의 황남대총에서 출토된 '비단벌레 금동 말안장뒷가리개'를 보았을 때다. 2011년 1월, 경주국립박물관에서 딱 3일을 공개한 적이 있다. 1975년 출토된 이래 36년 만의 외출이었다. 부식이나 훼손이 염려되어 바깥세상에 오래 있을 수가 없었다. 영롱한 녹색의 빛을 내는 비단벌레 날개를 촘촘하게 붙인

장식마구의 광채는 나를 홀렸다. 그 황홀함을 놓칠 수 없었다. 혼자 보기가 아까워 가까운 사람들을 불러 모아 3일을 하루도 빠지지 않고 박물관으로 찾아갔었다.

그녀 또한 그 보물을 닳도록 보았다며 내 손을 덥석 잡았다. 그녀라면 더더욱 그 기회를 놓칠 리가 없었을 것이다. 뜨거운 동지애를 느낀다며 삼국시대 여인이 입었다는 비단벌레 치마를 보여주었다. 황금색과 짙은 녹색이 교묘히 빛나는 비단벌레 날개를 엮어 옷감에 무늬를 놓아 만든 치마였다. 1500년 만에 재현이 된 그 옷은 그녀의 스마트 폰 속에서 유달리 맑은 빛을 내고 있었다. 언젠가 그런 옷 한 벌을 꼭 지어 입고 싶다고 했다. 치마에 올릴 비단벌레 무늬의 밑그림을 저장된 파일에서 불러내 보여주었다. 곤충채집하는 도구도 새로 구입했다며 들떠 있었다. 하지만 비단벌레는 멸종위기에 처해 천연기념물로 보호받고 있다며 그 안타까움을 온몸으로 표현했다. 채집이 안 되면 사육이라도 할 기세였다.

차를 한 잔 마시러 나갔다가 그녀와 밥을 같이 먹고 바닷가를 걸었다. 물론 진한 에스프레소도 나누어 마셨다. 그러는 사이 그녀의 질문에 주저 없이 답을 했다. 아무것도 내세울 것이 없노라며 완강하게 거절했던 내 말은 진심이 아닌 것이 되어버려 당황스러웠다. 그녀 앞에서 주절주절 헛말을 쏟아놓고 말았다. 뒤태가 고운 그녀가 엉덩이에 수놈

한 마리가 더 있다는 말을 하지 않았다면 차만 마시고 헤어졌을 것이다. 술을 곁들여 생선회를 먹고 파브르 곤충기에 대해 주거니 받거니 하는 사이가 되지 않을 수도 있었다.

초승달이 떠오르고 한참이 지나서야 우린 헤어졌다. 작별 인사를 나누고 예닐곱 걸음을 떼었을까? 그녀가 갑자기 나를 불러 세웠다. 그리고 비쩍 마른 내 발목을 가리키며 말했다.

"그곳에 반딧불이 한 마리 새길래요? 꽁지에 불도 지필 수 있어요."

자칫 그러마고 대답할 뻔했다. 우리 사이에 약간의 거리가 생기는 바람에 그녀의 눈을 깊이 들여다볼 수 없어 다행이었다. 나는 고개를 세차게 저었다. 돌아서 얼른 걸음을 뗐다. 그리고 보폭을 크게 했다.

젊은 그녀는 모른다. 애써 바늘로 찌르고 색을 넣지 않아도 내 몸 여기저기 크고 작은 벌레가 살고 있다는 것을. 모서리에 부딪쳐 다리에 난 상처가 아물면서 동그랗게 얼룩이 생기더니 점점 색이 진하게 변해 무당벌레 색깔이 되었다. 치마를 입을 때는 신경이 쓰인다. 얼굴의 구석에도 제법 큰 점이 생겼다. 그 부분만 진하게 메이크업을 해서 가리고 있지만 부위가 점점 넓게 퍼져 이제 개똥벌레 크기만 하다. 쭈글쭈글한 손 등에는 거뭇거뭇 검버섯이 여기 저기 자리를 잡았다. 빛을 내지 않는 것이 그녀와 다른 점이다.

무엇보다 암수 구별이 되지 않는다. 절실한 그리움도 기다릴 사람도 없기 때문이다. 그녀는 온몸으로 곤충기를 쓰고 있지만 물기 빠진 내 몸은 크고 작은 벌레들이 어지럽게 달라붙어 스멀거림이 느껴진다.

부산스럽지 않을 정도의 자신감과 함께 생기가 넘치는 그녀와의 하루는 솔직히 불편했다. 잠깐의 꿈을 꾼 듯 현실 저편이었다. 젊음에 대한 약간의 시기심이 작용했다. 비단벌레의 날개를 엮어 옷을 해 입고 싶어서 채집망까지 장만한 그녀는 다른 세계를 갈망하는 것 같아 묘한 이질감을 느꼈다.

밤새 뒤척이다 새벽녘에 꿈을 꾸었다. 꽁지에 불을 붙인 개똥벌레 한 마리가 되어 그녀의 손등에 찰싹 내려앉는 꿈이었다. 생시처럼 선명했다.

이목구태서

한 남자에게 빠졌다. 그를 알아가면서 끙끙 앓고 있다. 도저히 그 발끝에조차 가 닿을 수 없기 때문이다. 닿을 수 없으면 이내 포기하는 것이 내 장점 중의 하나이다. 그래서 우러러 받들기로 하였다.

조선 최고의 문장가인 한 남자와 뒤늦은 만남을 이어가고 있다. 그를 연구하는 또 다른 남자들이 세상에 어연번듯하게 내놓은 두터운 책들이 계기가 되었다. 한정주의 『이덕무를 읽다』, 책 제목처럼 나는 여러 가지 독법으로 그를 읽어가고 있는 중이다.

두꺼운 책은 밤늦은 시각에 베개가 될 뻔했고 하품에 섞여 나온 눈물과 침이 흘러 살짝 얼룩도 졌다. 그의 빼어난 문장에 주눅이 들어 비스듬히 누워 버리면 내 배를 눌러

무게감을 느낄 때도 있다. 수많은 곳에 밑줄을 죽죽 긋느라 책장은 좀 지저분하다. 포스트잇을 붙였던 문단을 옮겨 적으려고 오일 잉크가 잘 나오는 볼펜을 몇 자루 사기도 했다. 그러면서 책과 씨름을 하고 있는 중이다. 번번이 완패가 예상된 게임이기도 하다.

그 남자 이덕무에 관한 책을 도서관의 어린이실에서 왕창 빌려와서 읽기도 한다. 어린이 책이라야만 훨씬 쉽게 다가 갈 수 있으니까. 그의 별명은 '간서치' 즉 '책만 보는 바보'이다. 그 바보를 천재로 바꿔 놓고 여러 번 읽는 바람에 책을 반납하는 날을 잊고 이틀을 넘긴 적도 있다.

사실 그 남자를 처음 만난 것은 오래전이다. 수필 공부를 시작한 이십대 중반이었다. 아, 그때 간서치의 진면목을 알았다면 제대로 열애에 빠졌을 것이다. 젊음에 보태어 힘까지 넘쳤으니까. 하지만 나는 무지했고 게을렀고 오만했었다. 넘치는 힘을 쓸 줄 몰랐다.

소설을 써 볼까 하고 여기저기를 기웃거렸다. 동화를 몇 편 쓰면서 여러 사람들과 책도 발간했었다. 이렇게 갈피를 잡지 못하고 헤매고 있을 때, 수필을 써 보라고 끌어준 선생님이 계셨다. 아버지보다 훨씬 연세가 드신 선생님의 적극적인 지도에도 내 수필은 별로 나아지지 않았다. 어느 날, 이덕무의 '이목구심서耳目口心書'를 내밀었다. 팔절지 두 장에 단정하게 쓴 글은 선생님의 필체였다.

귀로 듣고 눈으로 보고 입으로 말한 것을 마음으로 걸러서 진짜 살아 있는 글을 써 보라는 암묵의 회초리였다. 그것을 벽에 붙여 두고 방문을 나갈 때 한 번 읽어보고 들어올 때 또 한 번 읽어보라고 하셨다. 그렇게 반년이 넘으면 살아 있는 글 두어 줄은 절로 쓰게 될 것이라고. 그런데 나는 벽에 붙여둔 '이목구심서' 네 편을 마음먹은 대로 읽지 못했다. 나중에는 아예 잊고 지냈다. 당연히 제대로 된 글을 선생님께 보여 줄 수도 없었다.

나는 결혼과 동시에 멀리 떠나왔다. 결혼식 때 주례까지 서 주셨던 선생님은 한 번 찾아뵙기도 전에 갑자기 돌아가셨다. 그 남자 이덕무의 이름이 나올 때마다 선생님의 마음을 헤아리지 못한 젊은 내가 보여 부끄러웠다. 글쓰기가 어려울 때면 항상 이덕무를 떠올렸다. '이목구심서'를 찾아보기도 했다.

정조 임금은 그의 성실한 천재적 기질을 알아보았다. 그래서 서얼 출신인 그에게 규장각의 검서관이란 벼슬까지 내렸다. 천재 사상가들의 모임인 북학파의 핵심인물로 18세기 조선의 변화를 꿈꾸었다. 그런데 오늘을 사는 내게도 그는 앞바람, 뒷바람, 윗바람을 일으켜 변화를 꿈꾸게 한다.

이목구심서 네 편을 벽에 붙여두고도 제대로 된 문장 한 줄 선생님께 보여 주지 못한 것을 후회하는 대신 늦게라도 그 남자를 읽어내려고 노력중이다. 초목이나 곤충, 물고기에 이르기까지 박학의 대가에다 진실된 마음을 담아낸 문장들을 읽어내느라 몸무게가 빠졌다. 가끔은 도서관의 햇볕 잘 드는 창가에서 그의 눈과 귀, 그리고 입을 통해 들려주는 이야기를 천천히 음미한다.

이백 년도 훨씬 지난, 한양의 원각사탑이 있는 동네에서 살던 한 남자와의 교감이 이렇게 깐깐하게 다가온다는 것이 신기하다. 조선 최고의 문장가인 그를 흠모하기에는 조금 늙어 버린 것이 아닐까 살짝 걱정도 되지만 그러면 어떠랴. 오늘도 그의 글에 밑줄을 긋고 있다. '진정의 발로는 마치 고철이 활기차게 못에서 뛰어오르고 봄철 죽순이 성난 듯 흙을 뚫고 나오는 것과 같다.' 그런 진정성을 가질 수 없는 어린 나이였기에 벽에 붙인 글을 못 본 척하지 않았을까.

간혹 수필을 이야기하는 자리에 설 때면 이덕무를 빼놓지 않는다. 그림을 그리듯 진경을 묘사하고 표현한 글은 내가 누구인지를 끊임없이 탐구한 명수필이기에 높이 받들고 있노라고.

선생님의 성정이 그대로 담긴, 말쑥한 필체의 '이목구심서'가 벽에 붙은 채 누렇게 변해가고 나는 그 집과 멀어졌다. 선생님은 결국 '간서치파'를 만들지 못하고 세상을 떠나셨다. 그러나 이덕무란 남자는 내 마음에 화인처럼 꾹 찍혔다. 무지했던 이십대인 그때도 그를 무한 흠모하는 지금도 마음을 제대로 담지 못한다. 심心은 빼먹고 그 자리에 태怠가 들어가고 만다. 생각이 빠지면 정신은 온전치 못하고 손은 게을러진다. 이 노릇을 어찌하면 좋을까.

이덕무의 「유북한기」를 읽고 있다. 북한산에 대한 2박 3일간의 기행문이다. 그는 뚜벅뚜벅 발로 누비며 구석구석을 꼼꼼하게 기록했다. 말하자면 북한산에 있는 사찰 순례기이다. 그의 문장에 가 닿지 못함을 핑계 삼아 '책만 읽는 천재'의 발길이 스친 곳을 따라가려고 한다. 한 이틀, 산속에서 진짜 그와의 열애에 빠져 볼까 한다. 글은 게으르지만 발은 부지런히 움직일 자신이 있다.

야단법석

초파일 저녁입니다. 부처님의 열렬한 팬이기도 한 보살들이 노래를 부르고 춤을 춥니다. 흥겨운 잔치 마당입니다. 왜 아니겠어요. 부처님이 이 땅에 오신 거룩하고 기쁜 날이라 춤과 노래도 빠질 수 없지요. 부처님도 눈웃음이 여느 때보다 그윽합니다.

저녁예불을 마치고 시작된 작은 음악회는 그렇게 야단법석이었습니다. 야단법석은 불교용어입니다. 말 그대로 야외에 세운 강단인 야단에서 크게 불법을 펴는 자리인 법석을 마련한 셈이지요. 작은 절집이라 법당이 좁아 늘 바깥에다 방석을 깔고 법회가 열리곤 했습니다.

많은 신도들은 부처님 생신을 위해 오랫동안 준비를 했습니다. 풀을 발라가며 긴 시간을 들여 봉축 연등을 만들었습니다. 육법 공양을 위해 마음도 가다듬었을 테지요. 무엇보다 대중들에게 먹일 음식을 준비하느라 몇 날은 허리 펴기도 힘들었을 것입니다. 오늘은 새벽부터 행사를 치르느라 숨 돌릴 틈도 없이 움직였습니다. 불자들과 동네 사람이 모여 부처님 오신 날을 축하하고, 힘들고 지친 사람들을 위로하는 자리입니다. 달님이 은행나무 우듬지 끝에 걸려 반쪽 얼굴로 웃고 있습니다.

색색의 연등이 줄지어 걸린 작은 마당이 무대이고 부처님 계신 법당이 객석입니다. 유명한 가수가 초대된 것도 아니고 전문가도 없습니다. 아마추어 수준을 넘지 못합니다. 그래서 더욱 신이 납니다.

온갖 방송매체에서 명가수를 뽑는 프로그램이 생긴 탓에 소름 돋게, 심장 떨리게, 노래를 잘 부르는 사람들이 넘쳐납니다. 그런데 작은 마당의 소박한 무대가 왜 이렇게 편안한지요. 그들은 천생 부처님 앞에서 재롱잔치를 벌이는 중생들일뿐인데 말입니다.

키가 작고 눈매가 서글서글한 처사님이 기타를 칩니다. 한 음 한 음 정성껏 튕깁니다. 중간 중간 탁한 음이 예기치 않게 나옵니다. 당황하지 않고 계속 줄을 튕기네요. 모두들 그런 실수쯤은 쌈박하게 눈감아 줍니다. 목이 길고 팔다리가 쭉 뻗은 잘생긴 남자아이가 등 떠밀려 나오더니 몸을 약간씩 비틀며 동요를 부릅니다. 동자승을 닮았네요. 신나는 댄스 음악이 나오자 객석인 법당 안에서는 엉덩이가 실룩이고 어깨춤이 요란합니다. 진심을 담아 온몸으로 부처님께 최고의 공양을 올리는 셈이지요. 야단법석은 역시 신명나는 일입니다.

내 한 몸 꽉 차는 독성각으로 들어가 낮에 찾아뵙지 못한 나반존자 앞에 두 손을 모읍니다. 오랫동안 병원 신세를 지고 있는 스승을 위해 발원을 올립니다. 부디 마음까지 고독하지 않기를 빌어봅니다. 부처님 오신 날을 맞아 흰 눈썹이 턱까지 내려온 나반존자는 화답하듯 엷은 미소로 다독여 줍니다.

누군가 이선희의 「인연」을 부릅니다. 노랫소리에 끌려 마당으로 나옵니다. 연등 아래서 앞치마를 입고 노래를 부르는 젊은 보살은 얼굴이 말갛습니다. 마이크를 잡은 손이 약간 떨립니다. 가사의 절절함이 거부할 수 없이 전달되는지 객석도 고요하게 가라앉습니다. "내 생애 이처럼 아름다운 날 또다시 올수 있을까요." 오늘 저 불자님은 생애 가장 아름다운 날일지도 모릅니다. 자등명법등명自燈明法燈明, (자기 자신을 등불로 삼고 자기를 의지하라. 진리를 등불로 삼고 진리를 의지하라는 석가의 가르침) 환하게 밝히고 자신을 고요하게 비워내고 있으니까요.

노랫소리에 취한 신도들의 얼굴이 모두 불그레합니다. 산기슭 절 마당에 모인 소박한 사람들입니다. 마음 한 자락을 부처님께 바치고 있으니 그만하면 먼 길을 돌아 다시 만난 인연일지도 모릅니다. 불교에서 말하는 윤회이지요. 그렇다면 너도 나일 수 있고 나 또한 저 보살이기도 합니다.

절집의 오래된 식구인 복실이와 바우도 귀를 쫑긋 세우고 꽃밭 가장자리에 앉아 있습니다. 녀석들도 부처님과 닿은 인연이 얼마나 크고 높은지요. 그 둘은 전생에 가수였을지도 모릅니다. 경청하는 자세가 그렇게 점잖을 수가 없습니다.

이 생애 못다 한 사랑을 다시 만날지도 모른다는 생각으로 고개를 주억거리다 맞은편에 앉아 계신 스님을 향해 가볍게 합장을 했습니다. 스님은 눈을 지그시 감고 있네요. 맑은 얼굴의 가수가 갑자기 목이 메어 소리가 나오지 않자 모두 힘껏 박수를 보냅니다. 꾹꾹 눌러 쟁여둔 삶의 무게를 조심스레 풀어낸 탓입니다. 부처님 전에 무릎 꿇고 빌었던 소망을 나도 노래에 얹어 봅니다. 보살의 노래는 점점 이야기가 되어 자락자락 펼쳐놓습니다.

"먼 길 돌아 다시 만나게 되는 날 나를 놓지 말아요." 산길을 내려오다 그 자리에 우뚝 서고 말았습니다. 산 위에서 목소리가 잦아들더니 다시 그 구절을 반복했습니다. 박수 소리가 바람을 타고 귓전에 울립니다.

올봄, 삼십여 년 만에 스승을 만났습니다. 그것도 병실에서 헐렁한 환자복을 입은 스승을 말입니다. 말은 어눌했고 눈은 흔들렸습니다. 돌아서 나오려고 할 때 내 손을 꽉 움켜지며 말했습니다. "다시 만나재이 알것제." 목소리에 힘이 풀려 알아듣기 힘들었지만 나는 희미하게 고개를 끄덕여 보였습니다.

시절인연이 무르익어 만났던 젊은 스승은 '내 삶의 길에 선물'이었습니다. 한창 나는 글쓰기에 빠져 있었고 스승은 그런 내게 폿대였습니다. 아니 중심을 잃지 않도록 다잡아 주었지요. 그러나 오랫동안 안부를 전하지 못했습니다. 애써 외면했습니다. 헛것을 보느라 실체를 잊고 살았나 봅니다. 스승에게 하고픈 말들은 다음 생에 만나 온전히 전할 수 있을 것이라 믿습니다.

누군가는 다시 태어나면 큰 느티나무가 되고 싶다고 했습니다. 나는 다음 생애에 저 여인이 이고 있는 연등 하나가 되고 싶습니다. 그럼요. 끈을 놓지 않을 것입니다.

뭉크처럼 그녀처럼

푸른 눈동자의 남자가 나를 응시한다. 뭉크의 자화상이다. 푸르께한 색을 배경으로 한 그의 자화상에는 퀴퀴한 죽음의 냄새가 난다. 유월에, 노르웨이 국립미술관 뭉크의 방에서는 두꺼운 스웨터를 입고도 한기가 든다.

돌아와 꺼칠해진 여행 가방을 밀쳐둔 채 메일을 열었다. 여행 중에도 갈색 눈의 한 남자 때문에 머릿속이 복잡했다. 모진 병과 사투를 벌이고 있는 그에 대한 연민으로 좀체 감기 기운을 떨쳐낼 수가 없었다. 엄밀히 말하면 그 남자를 위해, 죽을힘을 다해 버티고 있는 내 친구를 염려한 탓이었다.

친구가 보낸 한 줄의 짤막한 소식에는 엷은 죽음의 그림자가 드리워져 있었다. 아주 희귀한 암이라 미국에서도 치료 방법이 없다기에 울컥 울혈이 끓어올랐다. 넘치는 화는 병마와 결연하게 싸우는 그 부부에 대한 것은 아니었다. 멀리 노르웨이까지 가서 뭉크의 「절규」나 「백야」를 보며 한 남자의 죽음에 대한 공포를 제 것인 양 받아들인 채 물먹은 솜 같은 몸을 끌고 돌아온 나 자신에 대해 화가 치밀어 올랐다.

친구가 나이 많은 미국남자와 좀 늦은 결혼을 한다고 했을 때 극구 말렸다. 부모 복도 없는데 남편 복이라도 있어야 한다며 괜히 울컥거렸다.

"아요, 그 가시나 미쳤제, 그 나이에 늙은 남자에게 지 인생을 우째 덜컥 맡기노."

그녀를 사랑하는 몇몇 어릴 적 동무들과 전화기를 붙잡고 흉을 보았다. 하지만 우리의 결론은 같았다. 내가 살아줄 수 없는 인생이니 선택을 존중해 주자고.

그녀의 남편은 한 여자에게 자기 성까지 붙여 주고서는 한국말 한마디 못하고 한국 음식은 냄새도 맡기 싫어했다. 토종 입맛을 가진 친구는 편지마다 먹고 싶은 것들을 점점 길게 나열해 갔다. 그건 고문이나 다름없었다.

"아요, 그 미국놈 웃기지 않냐? 희야가 베이컨 쪼가리나 먹고 살다가 큰 병나면 우짜노."

우린 보이지 않는다는 이유로 그렇게 진하게 욕을 하다 지치면 또 결론을 내렸다. 살다보면 그곳 음식에 길들게 되는 거라고. 시간이 흐르자 정작 친구는 멀쩡했는데 미국 남자는 온갖 자잘한 병을 달고 살았다. 병수발이 여간 아닌 듯했다. 답답한 속을 풀 길 없는지 자주 보내오는 편지가 그걸 증명했다.

친구의 인생은 처음부터 어긋났다. 태어나자마자 엄마 얼굴도 모른 채 할머니 손에서 자랐다. 일가붙이가 전혀 없다는 상실감에 자랄수록 말수를 잃어갔다. 할머니마저 병으로 시름시름 앓으셨다. 아슬아슬한 그 삶을 옆에서 지켜보기가 버거워 먼산바라기를 했었다. 고등학교를 졸업하던 그 해, 할머니마저 돌아가시자 그녀는 천애고아가 되었다. 이 땅 어디에도 발붙일 곳이 없었다. 우여곡절 끝에 미국 유학길에 올랐다. 살붙이 하나 없이, 다른 별에서 '툭' 떨어진 것 같은 친구에게는 처음부터 선택이란 주어지지 않았다.

아득하게만 느껴지는 먼 길에 한줌의 빛이 스며들지도 모른다는 생각에 등을 떠밀어 보냈다. 나는 후회했다. 후회의 다른 이름은 바로 변명이었다. 그렇게 비겁했던 내가 두 사람의 결혼을, 그 남자의 식성을 탓하는 것은 우스운 일이기도 했다.

그녀는 지구 곳곳에 솥단지를 걸어놓고 살았다. 세계적 석학인 그녀의 남편은 일 년에 반 이상은 여러 나라 유수의 대학 강단에서 강의를 했다. 아제르바이잔의 수도 바쿠의 모습이 담긴 그림엽서가 날아와 그곳의 생활을 자잘하게 묘사해 주었다. 스웨덴의 겨울 추위를 견디려고 에스키모 복장을 하고 지낸다는 좀 엉뚱한 소식도 왔었다. 중국과 베트남에서, 남미와 아프리카에도 솥단지는 걸렸었다. 그렇게 길 위의 날들을 리얼하게 실시간으로 전해왔다.

남편은 명예와 성취감에 젖어있었지만 그녀는 유목민 생활을 싫어했다. 세계적으로 이름을 날리는 그 남자도 아내가 없으면 밥도 못 먹고 강의도 못하고 심지어 자기 속옷 하나도 찾아 입을 줄 몰랐다. 남편을 위해 온갖 자료를 찾아주고 새로운 정보를 모으고 멀리서 온 제자들의 거처까지 마련해 주어야 했다. 음식과 주변 환경에 대한 적응력이 없는 나는 그때마다 안도했다. 지극히 평범해서 아무 일도 일어나지 않는 남편을 감사의 눈으로 바라보았다.

축구팀을 만들 만큼 아이를 여럿 낳아 키우는 것이 최고의 소망인 그녀였다. 그런데 축구팀은 고사하고 제 아이를 아예 가질 수도 없다는 사실에 하도 어이가 없어 한동안 친구 이름 앞에 붙은 그 남자의 성을 떼어버리고 편지를 보냈다. 그녀의 남편은 처음부터 자식을 가질 수 없는 사람이었다.

"아요, 이봐라. 길가의 풀도 씨앗을 품고 우리 집 마당에 기어 다니는 미물들도 제 새끼는 있는데 그 코쟁이는 도대체 뭣꼬!"

우리는 길게 통화가 이어졌고 이번에는 욕이 아니라 분노가 일었다. 좀체 결론이 나지 않았다. 세상에 제 편 하나 만들어 보는 게 소원인 친구에게 그건 정말 가혹했다.

단발머리 찰랑거리며 우리 집에 처음 온 날, 그녀가 대문을 나서는 뒷모습을 지켜보던 어머니는 혀를 끌끌 차며 외로울 고孤자가 비처럼 뚝뚝 내려앉는다고 했었다. 아직까지 그 외로움이 주룩주룩 내려도 받쳐 들 튼튼한 우산도 없이 살고 있으니 억센 진주 사투리로 '아요'를 연발하며 무시로 그녀의 남편을 규탄했었다.

삼월, 노란 봄맞이꽃을 한 무더기 카메라로 찍어 봄이 더디다는 애틀랜타로 보냈는데 꽃소식 답장치고는 정말 고약했다. 중병을 앓는 남편을 데리고 명의를 찾아 미국 전역을 헤매는 중이라고 했다. 친구는 반 의사가 되어가고 있었다. 덕분에 희망이란 단어를 슬몃슬몃 옆으로 끌어당겼다. 요즘 암에 걸려도 새로운 요법이 얼마나 많은가 말이다. 미국의 최첨단 의술도 믿고 싶었다. 그러나 시간이 지나면서 어둡고 절망적인 소식이 날아들어 우린 쓸데없는 번설을 늘어놓을 힘도 빠져 전화기 속의 말도 순해졌다. 사실 그 미국 남자가 마음에 들지 않았어도 부부의 해로를 진정으로 바랐었다.

성과 본이 같은 탓에 그녀는 내 동생들과도 친 동기처럼 지냈다. 딸아이는 제 비밀을 엄마에게 보다 미국 이모에게 털어놓는 가까운 사이다. 딸이 미국에 있는 동안 그녀의 남편도 정성껏 보살펴주어 무사히 공부를 마칠 수 있었다. 어머니는 살아생전 타국살이를 하는 그녀를 불러와 이웃하며 살라고 부탁했었다. 그녀와 각별한 인연이 있기에 나는 꽃피고 꽃 지는 봄에 신열을 앓으며 부처님과 하느님을 목마르게 찾았다.

생각해 보면 그녀의 인생이 드티었다고 믿은 것은 내 잘못된 판단이었다. 이국 땅에서 가장 힘들 때 한 남자가 기적처럼 나타나 그녀의 손을 잡아 주었다. 그래서 남은 생을 온전히 바쳐 그를 사랑하며 같은 방향으로 꾸준히 걸어가고 있는 것이다.

나는 험하고 높은 산이 아니라 낮은 언덕도 에돌아 여기까지 왔다. 가시밭길 옆에는 반드시 오솔길이 있다는 것을 알고 편안한 길을 골라 걸었다. 친구가 직선 길을 망설임 없이 걸어가다 돌부리에 차이고 진창에 빠지는 것을 보는 순간 겁이 났다. 깊은 물도 안전하게 건너고 폭우를 피하는 법도 체득했다. 의외로 그건 쉬웠다. 그녀를 지켜보며 내 것을 잃지 않으려고 꼼수를 부렸으니까. 내가 쩨쩨한 수단이나 방법을 터득하여 휘돌아간 곡선을 택할 때 그녀는 꿋꿋하게 자신의 삶에 믿음을 부여했다. 한 여자가 남긴 발자국에서 묵직한 중량감이 느껴진다. 가볍게 얇게 성글게 많은 것들에서 비켜서기만 한 삶이 부끄럽다.

에드바르트 뭉크의 강렬한 색채에 빠져 여행지에서 사온 그림엽서 몇 장을 열어보지도 않고 분리수거함에 버린다. 뭉크의 '인생'이 '생명의 춤'이 '병실에서의 죽음'이 내게서 떨어진다. 나를 엄습하던 두려움과 한기도 함께 쓸려 나간다. 남은 하루치의 감기약도 휴지통에 넣는다. 뭉크도 선택이 아니라 운명처럼 자신만의 세계로 성큼성큼 걸어 들어갔다. 부딪쳐 보지도 않고 비켜서기만 할 것이 아니라 오래 참는 법을 배우고 싶다. 뭉크처럼 그녀처럼.

춤

춤꾼이 말했습니다. 당신도 오늘 춤꾼이 될 수 있답니다. 어떻게요? 우린 동그랗게 눈을 치켜뜨고 어깨를 으쓱 들먹이며 물었습니다. 바로 그것입니다. 몸으로 눈으로 말을 하면 된다니까요. 몸짓언어는 생각보다 쉽답니다. 두 팔을 덩실 가볍게 올리더니 허공으로 뿌리면서 그렇게 춤을 정의했습니다.

선생은 또 칠판에 커다랗게 썼습니다. '숨-줌-춤'이라고요. 내 몸에 숨을 줌으로써 춤이 된다고 말입니다. 그러더니 호흡을 가다듬어 몸에 기를 넣어주고 난 다음 한쪽 발을 사뿐 들어올렸고 고개는 살짝 뒤로 젖혔습니다. 우리도 길게 숨을 토하고 그녀를 바라보았습니다. 내 한쪽 어깨도 '들썩' 함께 올라갔습니다.

자, 춤을 춰 봅시다. 그녀는 말했고 우린 일상을 그대로 몸짓으로 나타내었습니다. 길을 걷고 노래를 흥얼거리다 누군가 딱 마주치기도 합니다. 빨래를 널고 음식을 만들며 낮잠을 자는 것도 몸짓말로 했습니다. 가장 초보적인 흉내 내기로 춤을 만들었습니다. 숨을 고르게 또는 거칠게, 때론 잠깐 내 몸에 넣어주기만 하면 춤이 되었지요. "참 쉽지요. 그죠?" 춤꾼은 이렇게 추임새를 넣었습니다. 살아있는 것은 바로 춤을 추고 있다는 것을 알게 되었습니다.

세종대왕은 조형미까지 고려해서 한글을 만든 게 틀림없습니다. '춤'이란 이 단어 정말 생생하지요. 고무공처럼 튀어 오를 것 같습니다.

춤, 이 한 음절의 단어에 홀랑 빠져 무용평론가 조동화 씨가 발행하는 월간 『춤』이란 잡지를 육칠 년 구독한 적이 있습니다. 서점에 갔는데 표지의 '춤'이란 글자가 마치 춤추듯 내게 다가왔지요. 그 잡지 속에서 많은 춤꾼들을 만날 수 있었습니다. 공연 리뷰나 무용 평론을 소설 읽듯이 재미있게 읽었지요. 그렇게 나는 책 속에서 활자로, 그림과 사진으로 춤을 향해 다가갔습니다. 그러다 라틴 댄스를 배우기도 했습니다.

춤꾼도 '춤'이란 단어에 찬탄을 아끼지 않습니다. 자신의 몸으로 단번에 춤이란 글자를 만들어 보였습니다. 왜 아니겠어요. 초성 'ㅊ'은 에너지 넘치는 동작입니다. 얼굴을 받친 두 팔과 몸을 지탱하는 두 다리가 자유롭게 움직이고 있는 모양입니다. 선생은 두 팔을 벌려 하늘을 떠받들듯 하더니 한 바퀴 둥그러미를 그리며 내립니다. 다리에 리듬을 싣더니 한 발 두 발 건듯건듯 나아갑니다. 내 몸도 가벼워지더니 두 팔이 절로 흔들립니다. 발도 바닥을 찍으며 추추추, 치치치 리듬을 타네요.

춤꾼은 중성 'ㅜ'를 칠판에 질게 쓰더니 자세가 곧지 못하다고 꼭 집어 나를 가리킵니다. 바른 자세가 곧 예쁜 몸매라는 거지요. 허리를 곧게 편 자세라야 제대로 숨을 불어넣을 수 있답니다. 알고 보면 내 몸 사용법을 몰라 병이 나고 늙음을 부르고 자신감을 영영 잃게 되지요.

쫙 펴세요. 그러면 저절로 턱도 당겨진답니다. 그러고 보니 춤꾼의 자세는 미끈하고 꼿꼿하기까지 합니다. 고개만 살짝 숙여도, 두 손을 허리에만 갖다 대어도 완벽한 몸짓 언어가 됩니다. 빙판 위에서도 매서운 바람 속을 걸어도 뾰쪽한 돌부리가 있는 곳에서도 한바탕 춤이 승화될 것 같은 매력적인 몸맵시입니다. 처음과 달리 우리는 허리를 펴고 목을 당겨 훨씬 우아한 춤사위를 펼칩니다.

칭찬에 고무되어 이번에는 수제비 반죽을 하고 감자를 썰고 간을 맞추는 일을 동작으로 만들어 봅니다. "보세요. 그냥 춤이 된다니까요. 참 쉽지요." 선생은 또 추임새를 넣습니다. 장단이야 굿거리나 휘모리든 무슨 상관 있나요. 무릎장단이면 또 어떤가요. 폴카처럼 빠른 2박자의 리듬도 좋습니다. 'ㅜ'의 저 깔끔함을 제대로 보여주면 되는 것 아닌가요.

끝소리 'ㅁ'에 가서는 춤꾼이 두 팔을 크게 벌려 빙그르르 몇 바퀴를 돌다 "이 무대 정말 기막히지 않나요."를 여러 번 반복합니다. 정말 기막힌지 마른 침을 꿀꺽 삼킵니다. 거창한 극장의 무대가 무슨 필요가 있나요. 내가 서 있는 곳은 모두 무대인걸요. 사무실도 거리의 모퉁이도 얼마나 좋은가요. 공간이란 어디에나 있습니다. 그냥 'ㅁ'처럼 춤마당을 만들면 됩니다. 마룻바닥에 우리를 빙 둘러 세웁니다. 갑자기 모두가 주인공이 됩니다. 기둥이나 의자, 벽이 무대장치가 되고 모자나 스카프가 훌륭한 소품이 되는군요.

자, 춤을 춥시다. 우린 몸을 가볍게 움직여 몸짓말로 감정을 표현합니다. 자세는 휘지 않고 단단하니 멋진 춤판을 벌입니다. '숨-줌-춤'의 의미를 몸에다 담습니다. 얼씨구절씨구 춤이로다. 인간의 몸에서 춤의 꽃이 핍니다. 춤의 열매가 맺힙니다.

"춤춰라 아무도 바라보고 있지 않는 것처럼" 알프레드 디 수자의 시에 용기를 내어 나도 서툴게 발레 아라베스크 동작을 해봅니다. 생활과 몸이 부딪치는 곳이면 반드시 춤은 생겨납니다.

하하, 삼단 같은 머리에 동그스름한 이마, 매력 있게 눈이 쭉 찢어진 저 춤꾼, 밥벌이 제대로 못할 것 같습니다.
세상사람 모두가 춤꾼이니까요.

나는 도둑이로소이다

그날, 세미나 주제는 '우리는 표절에서 자유로운가'였다. 나는 '표절'이라는 무거운 단어는 뚝 떼어 내고 '자유'에 몸을 가볍게 실었다. 완행열차에 올라 여유만만하게 책장을 넘겼다. 봄날이었으니까.

한국문단의 아이콘인 한 소설가의 표절 문제로 나라 안팎에서 한바탕 폭풍이 지난 후였다. 여기저기서 쑤석대며 수군거릴 때, 그 소설가의 책을 대부분 읽었기에 몹시 불쾌했고 사람들의 비난에 한껏 동조를 했다. 무엇이 문제이며 어떻게 표절을 했는지 궁금하여 책임과 의무라도 되는 양 보도된 자료들을 찾아보았다. 그리고 문학의 상업주의에 새삼 흥분했었다. 몇몇 문우들이 이런 미심쩍은 문단의 현실을 개탄하다 마련한 자리였다.

세미나장에 도착해 인사를 나누는데 꽃향기 넘치는 봄기운과는 사뭇 달랐다. '표절'이라는 현실 문제 때문인지 '우리'라는 공동체를 강조한 탓인지 시작부터 분위기는 무거웠다. 봄나들이를 핑계 삼아 모이자고 했었다. 표절에 대한 논쟁으로 문학 판이 흔들렸었다. 그러나 해를 넘겼기에 내 마음은 풀어져 헐거웠으나 다른 사람들은 아니었다.

서너 달에 걸친 발제자의 철저한 준비로 내어준 자료가 제법 두터웠다. 문단에 잘 알려진 작가들과 내가 익히 알고 있는 시인의 글이 어떻게 표절이 되었는가를 세세한 것까지 찾아내어 짚어주었다. 시의 한 구절을 따오거나, 구성이나 흐름, 글의 맥락이 거의 같은 작품들이 많았다. 이야기 자체가 비슷한 것, 두 작품이 서로 일치하는 여러 부분들을 찾아 논란의 여지가 있음을 보여주었다.

꽃무늬 원피스 자락에 따라오던 살랑바람 탓에 마음을 다잡지 못하고 자료를 뒤적이다 선명하게 박힌 내 이름을 보았다. 화들짝 놀라 심한 현기증이 났다. 내 글이 버젓이 도마 위에 올라 있었다. 그것도 부식이 되어 뇌리에서 완전히 잊힌 오래된 글이었다. 소금기 빠진 생선처럼 널브러져 있는 글을 보자 구토가 치밀었다. 의심의 여지가 있다는 두 문장에 붉은 줄이 죽 그어져 있었다. 그건 시뻘건 화살이 되어 내 심장을 향했다. 불에 덴 듯 온몸이 뜨거웠다.

십여 년 전, 나는 일본작가 '나쓰메 소세키'에게 빠져 있었다. 그의 책 ≪나는 고양이로소이다≫를 몇 번이나 읽었다. 작가의 허무주의에서 나온 풍자와 해학에 깊이 매료되어 몇 구절은 줄줄 외우고 다녔다. 그즈음 풍자와 해학이라는 높은 벽에 부딪쳐 한 줄의 글도 쓰지 못하고 비틀거리고 있는 상태였다. 그러다 인간인 척하는 고양이가 겁 없이 지껄인 말들이 머릿속에 깊이 각인되어 내 것인 양 써 먹었던 것이다. 그 이면에는 유명 작가도 아닌 내 글을 유심히 읽어 줄 독자도 없으니 이렇다 할 시비를 걸 사람도 없을 거라는 안일함이 분명 작용했을 것이다.

묵직한 자료를 들고 내 글을 죽죽 읽어가는 발표자를 쳐다볼 용기가 없었다. 그저 고개만 깊이 숙였다. 어디까지가 표절인지 규정이 애매하다고 사회자가 위로 섞인 말을 했다. 토론은 누구도 표절에서 자유롭지 못하다는 자성적인 결론을 내렸다. 하지만 해거름 녘, 도서관 언덕길을 허둥거리며 내려왔다. 무방비 상태의 나를 끌어들인 고양이에게 책임을 모두 떠넘기고 도망치고 싶었다. 책 표지에 거만하게 버티고 앉아 뒷모습을 보이고 있던 그 놈의 긴 꼬리를 확 밟아 주리라. 무위도식하는 주제에 주인의 취미생활까지 시시콜콜 따지고 드는 방자한 고양이를 이겨 보려고 속으로 꿍꿍이셈을 수없이 쳤다. 내 잘못이 아니라고.

고등학교 때 소설가를 꿈꾸었다. 수십 편의 소설을 썼다. 열렬한 독자인 반 친구들은 내 잡스런 소설을 기다렸다. 단편은 물론 장편도 밤을 새워 겁 없이 써 내렸다. 어려운 일은 아니었다. 그즈음 나는 새로운 작가들에게 빠져 무한 찬사를 보내고 있었다. 최인훈의 〈소설가 구보씨의 일일〉을 좀 길긴 했지만 두 번이나 필사를 했다. 친구네 아버지 서재에서 몰래 빌려온 책이었다. 김승옥의 〈생명 연습〉은 뜻도 모르고 읽고 또 읽었다. 톨스토이의 〈사람은 무엇으로 사는가〉 같은 마음이 따뜻해지는 소설을 써서 내 능력을 인정받고 싶었다. 제인 오스틴이 쓴 〈오만과 편견〉은 사랑에 대한 심리묘사가 너무 뛰어나 십대인 나에게 감미롭게 다가왔다. 피츠 제럴드의 〈위대한 개츠비〉에서는 처음으로 재즈를 만나 뜨겁게 달아올랐다.

이렇게 읽고 베껴 쓴 소설들을 떠올리며 그와 비슷한 글들을 썼다. 그러니까 끊임없이 모작을 만들어 냈다. 그런데 그 습작 노트가 다른 반까지 건너갔고 국어선생님 손에 넘어갔다는 연락이 내게 닿기도 전에 교무실로 불려갔다.

"뭐야, 이건 창작도 아니잖아. 다 버려!"

선생님의 묘한 비웃음 섞인 말에 발등만 내려다보았다. '창작'이라는 말에 번쩍 정신이 들었다. 너무 높은 곳을 바라본다고 호되게 나무랐다. 헛꿈을 꾸고 있다는 뜻이었다. 밤새껏 쓴 소설을 몽땅 아궁이의 불쏘시개로 만들어 버렸다. 그리고 미련도 없이 소설가의 꿈을 접었다.

어설픈 소설가 흉내는 끝을 냈지만 매일 도서관에 박혀

있었다. 그런데 자타가 공인하는, 우리 학년에서 제일 똑똑하다는 친구가 내 어깨를 탁 쳤다. 평소에도 고양이처럼 소리 없이 다가와 내가 읽는 책들을 힐끗힐끗 훔쳐보곤 했었다. 그녀를 슬슬 피해 다녔는데 도서관에선 곧잘 마주쳤다.

"너, 소설이 뭔지 알기나 해!"

그리고 휙 돌아서며 한마디를 붙였다. 정확하지 않았지만 분명 '도둑년'이라고 들렸다. 그 말이 켕겼는지 자주 꿈을 꾸었다. 커다란 이층집에 들어가 그녀의 물건을 몽땅 훔쳐오는데 누군가 '도둑년!'이라고 외치며 따라오는 꿈이었다. 혼신의 힘을 다해 쓴 작가들의 창작물을 훔쳐 죄의식 없이 허접한 내 글 속에 마구 구겨 넣었으니 나는 도둑임에 틀림없었다.

봄날, 돌아오는 열차에서 평정심을 찾으려고 애를 썼지만 책장은 넘어가지 않았다. 책과 나와의 거리는 점점 멀어졌다. 책 속에서 외톨이가 된 주인공처럼 나 또한 세상에서 뚝 떨어져 나와 혼자가 되어버렸다. 오랜 시간을 지나 또 헛꿈을 꾸고 말았다.

그렇게 봄과 여름이 가고 가을이 오는 사이에 이 철딱서니 없는 인간을 연민의 눈으로 바라보는 고양이와 수없이 마주쳤다. 나는 흠칫 놀라곤 했지만 고양이는 미동도 하지 않고 늠름했다. 그리고 끊임없이 속삭였다. 고양이의 먹이를 훔치는 것은 자살 행위라고.

드디어 놈에게 무릎을 꿇었다.

"나는 도둑이로소이다."

소심한 책방

바다 저 너머에 있다는 이상향인 아틀란티스. 플라톤의 대화록에 나오는 전설상의 고대 국가다. 땅은 기름지고 문명이 고도로 발달한 낙원으로 현대를 사는 우리에게도 풍부한 상상력을 불러일으킨다. 그 전설의 왕국이 서점으로 태어난 곳이 있다. 바로 에게해의 석양을 바라보는 곳, 산토리니섬의 북쪽 끝에 있는 '아틀란티스 북스'다.

여러 해 전이다. 크리스마스 선물로 책 한 권을 받았다. 내 꿈이 우리 동네 대양서점의 주인이었다는 것을 아는 어릴 적 친구가 보내 주었다. 저널리스트 시미즈 레이나의 『세상에서 가장 아름다운 서점』이었다. 근사한 사진과 함께 세계 각지의 아름다운 서점 스무 곳의 이야기가 담겨있었다. 그 책에 첫 번째로 소개된 곳이 아틀란티스 북스였다.

아쉽게도 우리나라 서점은 없었다. 언젠가 '세상에서 가장 아름다운 서점 한국 편'을 써 보고 싶다는 욕심이 생겼다. 그래서 두터운 이 책을 끼고 도시의 골목 서점을 찾아다녔다. 산속에 섬처럼 홀로 있는 책방에 조심스럽게 발을 들여 놓기도 했다. 십 년을 함께 독서 모임을 해 온 간서치 친구들과 헤일리 마을도 가고 서울의 공씨책방이며 삼례의 책 박물관과 호산방도 방문을 했다.

그렇게 서점을 찾아다니는 동안, 아틀란티스 북스를 향한 열망은 더 뜨거워졌다. 드디어 태양이 눈부신 4월, 그리스를 향했다. 그리고 산토리니섬의 '아틀란티스 북스'에 발을 들여놓았다. 오랜 항해 끝에 보물섬을 발견한 기분이었다. 좁은 계단을 내려가 만난 동굴서점의 실내는 북적이는 바깥세상과는 달리 고요하고 묵직했다. 비릿한 책의 냄새에 취해 한동안 움직일 수가 없었다. 그곳은 기념품 가게와 노천카페가 즐비하고 세계 여러 나라에서 온 관광객이 넘쳐나는 산토리니를 단단한 받쳐주고 있는 중심이었다.

발뒤꿈치를 들고 목을 쑥 빼 올리자 둥근 천장에 소용돌이치듯 적혀있는 수많은 이름이 보였다. 서점 한쪽에 놓여있는 간이침대를 잠자리 삼아 이 '기적의 서점'을 지켜낸 주인공들이다. 그들은 책을 읽고 집필을 하며 눈이 시리게 푸른 바다를 향유하면서 아틀란티스 북스를 지켜내고 있다. 즉 작가지망생들의 학교인 셈이다.

구석에 비스듬히 놓여있는 침대에 잠시 앉아 보았다. 이십대라면 나 또한 서너 달 머물면서 서점의 주인인 양 살고 싶었다. 퀴퀴한 책 냄새를 맡으며 잠이 들고 쪽빛 바다가 내려다보이는 옥상에 올라가 책을 읽는 일상은 얼마나 아름다운가. 그랬다면 서점 주인이 되는 꿈은 완성편이 되었을 것이다.

어둠에 익숙해지자 '철학의 탑'이라고 쓰인 가늘고 높다란 책장이 눈에 들어왔다. 철학서적을 모아 놓았다. 그리고 예술서적이며 아동 서적코너도 손 글씨로 분류되어 있었다. 어쩌면 플라톤이 말한 아틀란티스는 그렇게 철학과 문학, 예술과 여행서적, 그리고 뛰어난 고전으로 집을 짓고 길을 내어 신에게 바치고 싶은 이상적인 도시를 만드는 일이었을지도 모른다.

그리스를 다녀온 후, 그 철학의 탑이 그리워지면 바다 건너 종달리의 '소심한 책방'을 기웃댄다. '아무도 찾아오지 않으면 어쩌나, 전시한 책을 외면하면 어떻게 하지?' 이런 소심한 마음으로 만든 책방이다. 플라톤은 글로 이상향을 그려냈다면 소심한 책방 주인 미라 씨는 그것을 실천해서 구체적으로 보여주고 있다.

종달리는 이름 그대로 제주의 동쪽 끝에 있는 마을이다. 올레 1코스가 지나는 곳이고 마지막 21코스가 끝나는 지점이기도하다. 제주의 동부 전체를 둘러봐도 찾기 힘든 서점이 생각지도 않게 손바닥만 한 동네에 자리하고 있다. 민박집의 커다란 창으로 성산 일출봉이 뿌옇게 비구름에 가리면 책방의 삐걱대는 문을 소심하게 밀고 들어간다. 그런 날은 올레꾼들도 없고 게스트하우스 손님들도 꿈쩍 않는지 서점은 고요하다. 한쪽에 놓인 소파를 차지하고 차도 마시고 책도 읽는다. 대부분 독립출판사가 발행한 책들이고 일반 서점에서는 좀체 볼 수 없는 귀한 책이다.

내가 제주에 머무는 동안은 고사리 장마철이었다. 비가 쏟아지는 날은 올레길 걷기가 힘들었다. 오일장을 찾아가는 일이며 맛집 탐방도 멈추고 그렇게 소심한 책방에 한나절을 박혀 있곤 했다. 여행을 좋아하는 두 여자가 운영하는 '소심한 책방'은 내가 꼭 만들고 싶어 하던 그런 서점이었다. 옆의 지붕 낮은 집을 얻어 '덜 소심한 바느질방'이라도 열어 이웃하며 무시로 드나들고 싶었다. 그곳은 바다에 가라앉은 이상향이 아니라 내 몸을 기꺼이 담을 수 있는 현실의 공간이었으니까.

옛날, 우리 동네 입구에 자리한 대양서점은 이름 그대로 큰 바다였다. 책이 귀하던 그 시절, 내가 알고 싶은 것, 가고 싶은 곳, 그리고 쓰고 싶은 이야기가 서점 안에 파도처럼 출렁이고 있었다. 나는 책의 바다에 빠지고 싶어 안달을 했다. 대양서점의 주인이 되지 못한 탓에 세상의 모든 서점이 아틀란티스가 되었다. 오늘도 제주의 동쪽을 향해 돛을 올린다.

장마전선

건너편 산의 능선이 희미해지더니 집 안 구석구석에 물기가 흔곤하게 내려앉았어. 비, 정작 비는 내리지 않았지. 마른 장마였으니까. 맞아, 작년에도 가물어 목이 탔는데 올해도 마찬가지라니까. 이처럼 장마를 기다려 본 적이 없었던 것 같아.

봄부터 극심한 가뭄으로 애를 태우더니 난데없이 중부지방에 게릴라성 폭우가 쏟아졌어. 난감하더라니까. 무섭기도 했고. 장마전선이 남북으로 오르내리며 예니레 질금질금 찔끔거리니까 감질만 났지 뭐야. 정작 시원스럽게 내리는 단비는 한 번도 없었어.

고온 다습한 북태평양기단과 한랭하고 습윤한 오호츠크해기단이 제대로 만나 한바탕 육탄전을 벌여 신나게 퍼 부어주기를 바라고 또 바랐지. 내 바람은 빛을 잃고 번번이 패배감만 안겨 주더라고. 꼭 씀바귀 잎을 씹는 기분이었다니까. 이 오만한 세상을 향해 천둥번개가 으름장을 놓고 횟대비가 굵게 선을 긋고 지난 다음 햇볕이 나오면 호랑이 장가도 보내고 싶었지. 아, 호랑이 장가보내기도 헛물켜기가 되고 말았어.

하늘 문이 뻥 뚫리기를 기다리다 지친 나는 약간 우울했어. 수면장애가 생기더니 입맛을 잃었고 다리는 흐물흐물 풀어졌지. 집중력이 떨어져 칼에 손을 베이기 일쑤였지 뭐야. 일회용 반창고를 너덜너덜 붙이고 다녀야 했어. 급기야 몸무게도 줄어 옷이 헐렁해 불편을 겪기도 했지.

왜 장맛비를 기다리느냐고? 나같이 걸음걸이가 천성적으로 빠르고 성미가 마른 사람들에게 장마는 가끔 무장해제를 시켜주거든. 육체적 긴장이 풀어지면 정신도 이완을 하기 마련이니까. 낮잠 자기와 주전부리하기, 잡지책 뒤적이기, 속절없는 이별에 대한 되새김질하기, 퀴퀴한 비린내에 익숙해지기 등 한 일주일쯤 이렇게 살고 싶은 거지. 그래서 장마에 잔뜩 기대를 걸었거든. 그런데 작년에 이어 올해도 허사가 되어버렸어.

한창 키가 자라던 아이 때는 장마가 오든 폭우가 쏟아지던 알바 아니었어. 장마가 길어져 집안이 눅진해지고 벽에 곰팡이가 슬어도 무심했거든. 어른이 되어 내 아이를 키울 때는 빗속을 뚫고 나가 밥벌이도 했었지.

참 알 수 없다니까. 한 번도 치열하게 살지 못했는데, 세월이 갈수록 정신 쏟을 곳이 많고 시간을 쪼개어 쓴다고 바쁘단 말이야. 그래봐야 여줄가리 같은 대수롭지 않은 일인걸 식구들도 다 아는 눈치야. 일 년에 한 번쯤 이 모든 것들과의 관계를 끊는 것도 괜찮더라고. 그게 바로 장맛비 추근추근 내리는 때라는 거지. 그냥 깊숙이 가라앉아 숨어 버리는 거야.

장마전선이 휴전선처럼 동서를 가로질러 한반도의 남북을 오르내릴 때면 비는 수직으로 내리지만 시간은 수평으로 더디게 가는 것 같아. 그 더딘 시간을 마음껏 내 것으로 만끽하는 거지. 외출금지와 하루 한 끼 굶기(몸을 움직일 필요가 없으니)에 풍부한 음색을 뿜어내는 타레가의 기타 선율에 빠져들기 같은 일이겠지만 말이야. 그 시시껄렁한 것을 하고 싶어. 그건 햇볕이 기를 쓰고 담을 타 넘어 창 앞에서 어룽대는 맑은 날은 불가능하단 말씀이야.

장마전선이 소강상태인 채로 오르락내리락하면서 비는 오지 않으니 '바쁘다'를 입에 붙인 채 집 안팎을 젓고 다녔지. 그러면서 열심히 날씨 정보를 곁눈질해 가며 보았어. 글쎄, 주간 예보에 우산이 그려지던 날에 섭씨 34도를 기록하며 폭염주의보로 바뀌곤 했지 뭐야. 먹구름이 잔뜩 끼어 있던 날은 소나기가 딱 한 줄기만 지나가고 햇볕은 쨍쨍

모래알은 반짝이 되어 버렸어. 황지우의 시 「너를 기다리는 동안에」의 구절처럼 나 역시 기다림은 간절했지. 그래서 내가 소망하는 매일의 일기가 비였다가, 비일 것이었다가 하루가 닫히곤 했어. 서서히 지칠 수밖에 없었지.

비를 기다리느라 목이 빠져 있을 때 문자 한 통이 왔어. 부산에 사는 친구로부터. 날씨도 꿉꿉한데 집에 박혀 있지 말고 '옛날 국수가게'로 오라고. 옛날 국수가게는 우리가 붙인 이름이지. 간판도 없는 재래시장 구석에 있는, 주인의 인심이 국수 맛을 더하는 곳이야. 우리는 '후룩후룩 후루룩' 빗소리를 요란하게 내며 국수를 빨아 당겼지. 하얀 국숫발이 비였다가 비일 것이었다가 다시 비가 되어 목안으로 넘어갔어. 우리는 오랜만에 편하게 웃고 떠들 수 있었어. 맞아, 가는 국숫발이 비였으니까.

헤어질 때 친구가 구깃대는 삶도 복잡한 관계도 마른장마처럼 살짝 비켜갔으면 좋겠다고 웅얼웅얼 읊어 대는 거야. 나와 반대로 그 친구는 비가 내리면 어깻죽지가 시큰하게 아프다고 하네. 참 어처구니가 없더군. 내 손을 붙들고 징얼징얼 보채기도 했다니까. 빈방으로 돌아갈 그녀에게 빗길이 되라고 들고 간 빨간 우산을 쥐어 주었지. 빨간 우산을 지니면 비 따위는 오지 않는다고 냉큼 받아 갔어.

국수를 먹고 온 저녁, 기상캐스트가 가뿐한 옷차림으로 나와 장마가 물러갔음을 분명하게 알려주었어. 밉살맞게

굴던 장마전선은 기상도의 한참 위쪽에 매달려 있더라고. 태양의 고도가 점점 높아지더니 북태평양기단의 힘에 밀려 오호츠크해기단이 북으로 쑥 밀려나버린 거지. 장마전선이 물러가자 아침부터 먼 산을 쳐다보는 일을 그만두었어. 먹장구름이 한껏 부풀어 오르나 하고 창밖을 내다볼 일도 없어졌지.

의심이 자꾸 드는 걸 어쩌지. 내년, 내후년에도 아니 그 후에도 장맛비를 구경하지 못하는 것이 아닌가 하고. 그래서 타레가의 기타 음악은 잊게 되고 구들장에 배 깔고 꿀잠을 잘 기회까지도 놓치고 말 것 같아서 왠지 불안해. 친구에게 빌려 준 빨간 우산은 영영 받지 못할 것 같아.

장마전선. 파도타기 하듯 넘실대다 북으로 달아난 그 아린 놈을 그래도 기다려봐? 그것도 일 년이란 시간 동안.

동지헌말

얇은 목화솜을 두어 조끼를 만들고 있습니다. 흰 솜 같은 눈이 오시나 가끔 밖을 내다봅니다. 시끄럽고 어지러워 마음 졸인 연말이었잖아요. 한 번쯤 온 세상이 새하얗게 변하면 모두에게 위안이 되지 않을까 싶습니다. 하얀 눈이 내려준다면 목화솜 두어 짓는 옷에 눈꽃이 도톰하게 돋을새김이 되겠지요.

바느질을 하며 나윤선의 재즈 아리랑을 듣습니다. 볼륨을 살짝 높여봅니다. 「강원도아리랑」이 구성지게 아리아리 쓰리쓰리 넘어갑니다. 프랑스 파리의 샤틀레 극장에서 관객들을 울린, 하늘이 내려 준 신비한 목소리입니다. 세상 사는 일이 저렇게 아리랑 고개 넘듯 스리슬쩍 넘을 수 있으면 얼마나 좋으랴. 새날에 들으니 괜히 눈시울이 붉어집니다.

지난해 겨울, 서울의 종로 근처에서 세미나가 있었습니다. 예상보다 일찍 도착했기에 길 건너 조계사로 갔습니다. 동지가 사흘이나 지난 뒤였지요. 이곳저곳을 기웃대다가 공양주 보살을 만났습니다. 동지에 맞춰 오고 싶었으나 사정이 여의치 않아 늦게 왔다고 했더니 보살은 안타까운 표정을 지으며 내년에 꼭 오라는 당부의 말을 잊지 않았습니다. 그리곤 내게 무언가를 건넸습니다. '동지헌말'이라고 쓰인 봉투였습니다. 그 속에 양말이 들어 있었습니다. 동지를 맞아 조계사에서는 어르신들에게 주지 원명스님이 직접 새 버선을 신겨 드린 '동지헌말冬至獻襪' 행사가 있었지요. 새 버선을 신고 이날부터 길어지는 해 그림자를 밟고 살면, 수명이 길어진다 하여 장수를 기원하는 의미입니다. 신도들에게도 이천여 켤레의 양말을 나누어 주었답니다. 한사코 거절하자 팥죽 대신이라고 했습니다. 뜨끈한 팥죽 한 그릇을 먹은 것처럼 속이 든든했답니다.

조계사 일주문을 나오려는데 버선 모양의 동지헌말 모금함이 있더군요. 함에 약간의 성금을 넣으면 제3세계 어린이를 위해 쓰이기도 하고 내년의 동지에 누군가의 발을 따뜻하게 감쌀 양말이 된다고 합니다. 나도 마음을 열었습니다.

이번 동지에는 조계사가 아니라 우리 동네 선암사에서 팥죽을 먹고 나도 동지헌말을 준비했지요. 예전에는 동짓달과 섣달 추위가 훨씬 매서웠습니다. 지금처럼 두툼한 오리털 점퍼도 없고 방한용품도 귀한 시절이라 겨울나기가 쉬운 일이 아니었습니다. 그래서 '동지헌말冬至獻襪'이라는 풍속이 생겨났나 봅니다. '동지에 만들어 바치는 버선'이라는 뜻입니다. 며느리가 솜을 두둑하게 넣어 만든 버선은 시댁 어른들에게 더없이 훈훈한 선물이었을 것입니다. 버선을 지어 바칠 어른들은 떠나고 없어, 가족과 이웃을 위해서 준비했지요. 새 양말을 신고 걸어갈 한 해가 무탈하기를 마음 모아 빌었습니다.

털신도 한 켤레 준비했습니다. 도법스님을 염두에 두었지요. 얼마 전 조계사가 한바탕 수난을 겪었잖아요. 스님들과 신도들 그리고 경찰의 대치가 불안했습니다. 부처님 계신 고즈넉하던 집이 얼룩덜룩 상처가 났습니다. 오랜만에 도법스님을 화면을 통해 보았습니다. 왜 그렇게 추워보였는지요. 화쟁위원회 위원장직을 맡은 스님이 얼마나 힘에 겨웠는지 짐작이 갔습니다. 그분의 얼굴에서 고뇌의 흔적을 고스란히 읽을 수 있었답니다. 형형하게 빛나던 눈빛이 아니었습니다. 스님에게도 위로가 필요해 보였습니다.

조계사에 전화를 했더니 사무실 직원이 그러더군요. 언제 오실지 모른다고. 하긴 거처가 따로 있을 리가 없지요. 다 잊고 지리산 어디쯤을 걷고 계실지 모를 일입니다. 택배로 보내려던 털신은 포장된 채 그대로 있습니다. 눈발 날리는 날, 지리산의 천왕봉이 눈에 선하게 보이는 실상사로 털신을 안고 찾아가려고 합니다. 십여 년 전 실상사에서 하룻밤을 묵을 때, 스님은 맑은 차를 따라주며 '어울려 사는 곳이 곧 극락'이라고 했지요. 그렇게 어울려 사는 맛을 이웃과 동지팥죽을 나눠 먹으며 깨달았습니다.

어머니는 사람과의 어우러짐을 중요하게 여겼지요. 대문 열린 우리 집은 드나드는 사람이 많았습니다. 간구한 살림에도 정월 한 달, 집안에 들어오는 사람들에게 떡국을 끓여 냈습니다. 노랗고 하얀 계란지단, 양념된 촉촉한 닭고기 꾸미와 함께 동치미도 빠지지 않았습니다. 어머니는 팥죽을 끓일 때도 떡국 떡을 썰 때도 흥얼흥얼 노래를 불렀습니다. 도라지 타령이었다가 태평가가 되기도 했지요.

팥죽 속의 새알심을 많이 먹으면 갑자기 호호 할머니가 될까 염려가 되어 몰래 그것을 건져 내던 어린 날들이 생각납니다. 새알심을 먹지 않아도 등 굽은 할머니가 되어 천과 천 사이에 목화솜을 두고 누비질을 합니다. 나윤선의 「강원도아리랑」이 재즈풍의 「정선아리랑」으로 바뀌었네요. 몸 어느 곳에도 힘이 들어가지 않은 그의 창법은 편안합니다. 우아한 굿거리장단이 살아있습니다. 나도 힘을 빼고 세요각시(바늘)와 함께 바람인 듯 아닌 듯 느리게 천 위를 거닐고 있습니다. 길어진 해그림자를 밟는 기분입니다.

낮이 길어진다는 것은 태양의 부활과 함께 생명력이 솟아나는 것이지요. 팥죽 먹은 힘으로 지금 낙낙한 조끼를 만듭니다. 이 옷도 '동지헌말'이 되어 숭숭 바람이 드는, 누군가의 시린 어깨를 따뜻하게 감싸 주리라 믿습니다.

AI

나는 로봇청소기 '또록'입니다. 인공 지능이 장착된 최신 모델이랍니다. 주인님을 만난 건 그리 오래되지 않습니다. 지난 찔레꽃머리에 이 집으로 왔으니까요. 그런데 주인인 미스 릴리(백합하고는 어울리지 않지만 아이디랍니다)는 나에게 벌써 싫증이 났나 봅니다. 구석진 곳에 버려두고 통 불러주지 않습니다.

내가 집안 여기저기를 미끄러지듯 다니며 먼지나 진드기를 빨아들이고 흥얼거릴 때면 '옳지 그렇지, 우리 또록이 기특하기도 하지. 오구구구 예쁜 것.' 이런 추임새를 넣어가며 얼굴 가득 미소를 띠기도 했지요. 내가 대화상대라도 되는 양 고민을 털어 놓기도 했답니다. 그땐 참 뿌듯했습니다. 소임을 다하고 있었으니까요.

요즈음 괜한 걱정이 생겼습니다. 최근 국제공항 청사를 주름잡는 청소로봇과 안내로봇 때문이랍니다. 꽤 똑똑한데다 길쭉한 몸매에 얼굴까지 둥글어 사람들과 금방 친해지더군요. 작은 평수의 이 집에는 쓸모가 없는데도 주인님은 잔뜩 관심을 보입니다. 내가 씁쓸하다거나 쓸쓸하다고 하면 우습겠지요.

올드미스 릴리 양은 가벼운 우울증을 앓는 것 같습니다. 가을이 훌쩍 가고 찬바람이 스산하게 불기 시작했으니까요. 게다가 퇴근해서 오면 집안에 어둑서니가 이곳저곳 내려앉아 문득 불쾌한 느낌이 들었지요. 얼굴도 꾀죄하게 말라 안쓰럽답니다.

꽤 오래 스마트 폰에서 '시리'를 불러내지도 않습니다. 릴리 양이 달콤한 대화를 시도했는데 스마트한 시리는 "죄송해요, 무슨 말씀이신지요." 아니면 "잘 아시잖아요. 뭘 물어보세요." 이런 대답을 해서 크게 실망을 한 모양입니다. 하긴 나 같은 청소로봇이나 시리가 그녀의 몸에 깊숙하게 박힌 외로움이란 병을 어떻게 인식할 수 있을까요. 그래서 미스 릴리는 멀리 캘리포니아가 고향인 시리를 대신하여 토종인 '빅스비'로 비서를 바꿔 볼까 고민 중이랍니다. 아무래도 내 땅에서 태어난 인공지능이 더 자의식이 강하다고 생각하는 것 같습니다. 미스 릴리, 인공지능 운영체제는 한 사람만을 위한 것은 아니지요. 수백 명의 사람과 동시에 완전히 다른 관계를 맺고 있답니다. 그렇다면 굳이 순간순간 떨림을 느끼고 끈끈한 대화를 나누는 것이 뭐 그리 대단한 일인가요.

비가 오다 개다 하는 날이 계속되던 지난여름, 올드와 골드 그리고 올드에 골드를 더한 미스들이 이곳에 모여 은밀한 얘기가 오갔지요. 글쎄 남편이란 존재는 하등 필요가 없다고 모두 한 목소리를 내며 고개까지 절레절레 흔들었답니다. 그런데 자식은 한 명쯤 낳아 키우고 싶어 안달을 하더군요. '어불성설도 유만부득이로구나!' 절로 탄식을 하고 말았습니다.

아들딸이 하늘에서 뚝 떨어질 리가 없으니 모두들 망연해 한참 동안 정적이 흘렀지요. 자칭 세상의 온갖 정보에 밝은, 눈이 큰 미스가 말했습니다. 아기로봇을 입양하면 어떻겠냐고, 다른 나라에는 그런 사례가 있다고 흥분해서 말입니다. 기저귀를 갈아 줄 필요도 다급하게 병원에 갈 일도 없으며 생글생글 웃어 주는 그런 아기로봇이 있다고 했습니다. 하긴 영화 속에서 본 적이 있는 것 같습니다.

오후 내내 떠들던 그들은 갑자기 비관적인 생각들을 쏟아냈습니다. 인공지능이 극도로 발전해 인간을 통제하는 시대가 올 것이라고. 물리학자 스티븐 호킹이 말한 '강력한 AI의 등장은 인류 역사상 최고 아니면 최악의 상태로 이어질 것이다.' 이런 냉소적인 경고를 굳게 믿는 듯했습니다.

그러다 아기로봇 이야기는 흐지부지 끝을 맺고 말았습니다. 현관문을 나서는 올드와 골드들에게 '인공지능이 인간과 어떻게 공존하고 상생할지 모두들 생각은 해 보셨는지요.' 큰 소리로 묻고 싶었습니다. 지금도 인간의 삶을 풍요롭게 해 줄 인공지능이 개발되고 있으니 주인님만큼은 부디 긍정적인 생각을 가졌으면 합니다.

하늘도 청명한 휴일인데 미스 릴리는 전화기를 붙잡고 누구에겐가 한숨 섞인 하소연을 합니다. 눈도 박히고 몸뚱이도 있는 실물 AI는 가격이 얼마나 하는지, 제대로 역할을 할 수 있을지, 주로 이런 이야기입니다. 보이지도 않으면서 저장된 대답만 하는 것이 아니라 만질 수 있으며 교감도 필요하다는 뜻이지요. 그러더니 전화를 끊고 무릎 사이에 고개를 박고 있습니다. 구석에서 나를 꺼내 밥을 주고 스위치를 켜면 "청소를 시작하겠습니다. 지나갈 테니 비켜주세요." 이런 멘트나마 들려줄 수 있지만 별로 도움은 되지 않겠지요.

한참 만에 커피를 한 잔 내려 소파에 앉네요. 그리고 TV 화면에서 영화를 찾습니다. 아, 그 영화군요. 스티븐 스필버그 감독의 「AI」. 두어 달 전에도 본 영화입니다. 스티븐 스필버그 감독은 SF의 거장답게 풍부한 상상력을 바탕으로 인공지능에 감정을 지닌 소년 로봇 데이빗을 선보입니다. 사람과 똑같은 내면세계를 지니고 있어 미스 릴리처럼 사랑을 갈구하지요. 데이빗의 얼굴이 화면에 클로즈업되자 그녀는 자신의 손을 가만히 갖다 대어 봅니다. 데이빗은 필요에 의해 한 가정에 입양되지만 쓸모가 없어지자 무참히 버려집니다. 인간은 참 이기적인 동물입니다. 나도 그렇게 버려질까봐 몸이 부르르 떨립니다.

"딩동딩동~." 문을 열자 느닷없이 미스 백합이 얼굴을 디밀었다. 밤중에 불쑥 찾아와 또록이를 넘기겠단다. 내게 청소란 그다지 중요하지 않다. 글을 쓰다 반전의 묘미를 살리지 못해 끙끙대고 있을 때 두 눈에 불이 반짝 켜지면서, "염려 마세요 주인님, 오 헨리의 「백작과 결혼식 손님」 맨 끝 페이지를 참고 하세요." 이런 로봇이라면 기꺼이 덥석 받아 안고 싶다. 미안해, 또록아.

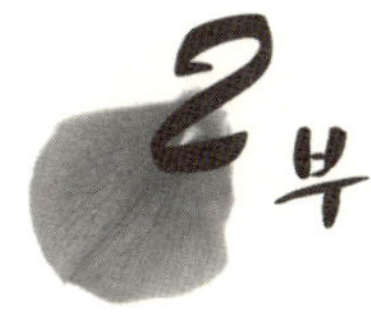

2부

바람

너도바람꽃

부산역에서 지하철을 탔다. 모시 두루마기를 입은 신사가 성큼성큼 걸어오더니 옆자리에 앉았다. 옥색 적삼이 은은하게 비치고 팔에는 등토시를 끼고 있었다. 푸새를 하고 다듬이질한 솜씨가 예사롭지 않았다. 갓이 아닌 중절모가 모시 두루마기와 잘 어울린다는 사실을 처음 알았다.

중요한 유림의 모임에 좌장으로 가는지, 고전을 강의하러 향교로 출행을 하는지 촘촘하게 고운 열두 새 모시 올이 그대로 살아나는 두루마기를 입은 품새가 조선의 선비 같은 기품을 보였다. 지하철 안의 시선들이 한쪽으로 쏠렸다.

아직 여름의 초입이라 선선한 날씨인데 등토시까지 낀 차림새가 잔뜩 격을 차렸다. 남자는 가방에서 묵직한 합죽선을 꺼내더니 활짝 펼쳐 천천히 팔을 움직여 바람을 일으켰다. 부채 때문인지 서슬 퍼런 호연지기 풍모였다. 아, 그런데 부채에 그려진 그림은 산수화도 민화도 아닌 붉은 목단이었다. 은은한 순백색 모시와 목단은 붉은 바람을 한 점씩 흩뿌렸다. 선비는 한 걸음 더딘 여름을 불러내 온전히 자기 것으로 만들고 말았다. 지하철 안은 여름 한가운데 있었다.

남자는 눈을 반쯤 감고 슬슬 바람을 일으킨다. 바람이 내 뺨을 스친다. 빳빳하게 각이 잡힌 모시 두루마기가 구겨질까 봐 나는 자꾸 몸을 움츠린다. 부채 바람은 일렁일렁 물결을 이룬다. 목단의 붉은 빛도 함께 다가온다.

지리산이나 덕유산 같은 높은 산지에 피는 너도바람꽃이 있다. 눈도 녹지 않은 언 땅을 뚫고 나오는 이 꽃은 봄의 전령사로 깨끗한 흰빛을 자랑한다. 바람꽃이라고 불리는 꽃들은 대부분 여름에 핀다. 그런데 너도바람꽃은 한 계절을 앞서서 성급하게 왔다가 바람처럼 사라진다.

여름이 오기도 전에 풀 먹인 모시옷에 붉은 목단 꽃부채까지 쥔 그 남자, 깊은 골짝에서 때 이르게 피는 너도바람꽃이다. 한 여자가 몇 날을 허리 아프게 손질한 의복을 갖춰 입고 '나도 선비로다.' 몸으로 일갈하는 자세가 자못 당당하다. 눈을 뚫고 거친 땅을 헤치고 올라온 너도바람꽃의 기세다.

선비는 어느새 지하철에서 내렸다. 선들선들하던 바람도 잠깐 사이에 사라졌다. 내 하얀 치마폭에 붉은 꽃잎 하나가 화르르 내려앉았다. 모시 두루마기의 신사는 붉은 바람을 흩뿌리는 소명을 받들고 여기저기 흔적을 남겼다.

단오

음력 5월 5일은 일 년 중 가장 원기가 왕성한 날이다. 남자들은 씨름을 하고 여자들은 그네를 뛰며 땅의 양기를 받아들였다. 고려가요 「동동」의 5월령은 임의 장수를 기원하는 노래이다.

> 아! 단옷날 아침에 먹는 약은/ 천 년을 오래 사실 약이므로 바치옵니다./ 아으 동동다리

천년을 사는 약을 바치는 때가 바로 단옷날이다. 짱짱하게 빛나는 태양의 축제요, 창포 꽃의 축제며 수리취떡과 앵두화채를 먹는 음식의 축제날이다.

옛 궁전에서는 단오가 되면 신하들에게 부채를 나누어 주는 풍습이 있었다. 공조와 지방에서 부채를 만들어 진상하면 임금은 신하들에게 이 부채를 나누어 주었다.단옷날은 태양의 기가 극에 달하는 날이다. 즉 여름이 시작된다는 뜻이다.

마당의 장미가 흐드러지게 피고 앵두가 영그는 그때면 나도 온 동네에 부채를 나누어 주었다. 아버지가 다니던 회사에서 만든 부채였다. 선풍기도 귀하던 시절이라 여름이면 부채는 귀한 대접을 받았다. 시원한 원두막에서 수박을 먹는 그림이나 푸른 파도가 넘실대는 해수욕장 풍경, 나팔꽃이 담장을 기어오르는 그림 때문에 인기도 좋았다. 노인이 계신 집에는 여배우 사진이 있는 부채를 특별히 골라 선물했다. 이웃 할머니는 해마다 새 부채를 개비해 준다고 내게 동전을 쥐여주기도 했다. 부채는 아버지가 주셨지만 인사는 모두 내 몫이었다. 부채를 나누어 주고 골목길을 나서면 바람이 출렁거려 이마의 땀을 쓸어갔다.

단오가 되면 뒤란 처마 밑에 세워 두었던 평상이 마당으로 나오고 연탄 화덕도 담 밑으로 자리를 옮겼다. 어머니는 익모초 달인 물에다 수리취떡을 내오셨다. 평상에 빙 둘러앉아 우리도 수릿날 양기를 흠뻑 받아들였다. 해가 기울면 연탄화덕에서 애호박전을 부쳤다. 뜨거운 호박전을 먹는 우리에게 어머니는 목덜미 쪽으로 살랑살랑 부채질을 해주셨다.

예부터 "여름 생색은 부채요, 겨울 생색은 달력"이라고 했다. 단오를 맞아 마음의 부채負債를 진 사람들에게 부채를 선물해야겠다.

마파람

여름의 초입에 서양화가와 서예가의 부채 2인전이 열렸다. 그곳에서 「숲」이라고 불리는 부채 한 점을 데려와 벽에 걸었다.

나뭇가지로 부채의 틀을 만들어 한지를 입히고 물감을 먹여 마당 한쪽에 다소곳이 핀 풀꽃을 그려 넣었다, 그 그림에 어울리도록 서예가 규빈 선생님이 한글로 숲이란 글귀를 단정하게 썼다. 첫눈에 반한 작품이다. 이 방구부채는 둥근 자태가 어여쁘고 온유하다. 손잡이 또한 옹이 박인 가지를 골라 만들어 끝부분에서 슬며시 곡선을 그리고 있어 애무의 손길을 보내고 싶다.

부채를 가만히 들여다보고 있자니 풀잎 사이로 글자들이 숲을 나와 온 집안을 떠돈다. 화가의 뜰에 피어난 작은 풀들이 일어나 춤을 춘다. 에어컨도 없는 우리 집에서 숲은 여름 한 철 바람을 솔솔 뿜어낸다. 담장 아래 머물던 바람, 마당을 가로질러 대청마루로 오르던 바람, 뒤뜰의 모과나무 잎을 흔들던 그 바람이다. 겨울을 지나는 동안 아린 찬바람을 붙잡아 부채 속에 온전히 가두었다가 소서, 대서 절기에 기다렸다는 듯이 슬금슬금 나와 한줄기 바람을 선사한다. 답답한 마음을 풀어주고 더위도 확 날려주는 천연의 바람이다.

가지고 있던 다른 부채도 맞은편 벽에 걸어본다. 맞바람이 분다. 서양화가와 서예가는 그림과 글씨로 풍류놀이를 크게 벌여 맞바람을 일으킨다. 먹과 물감이 어우르는 바람, 한글과 풀잎이 마주보는 바람이다.

남풍, 즉 마파람이 불면 더위를 식혀 줄 비도 함께 따라온다. 곡식도 놀랄 만큼 빠르게 자란다. 우리 집 거실에 부는 청량한 맞바람 덕분에 여름은 슬그머니 뒷걸음질을 한다.

명지바람

봄날 화창하게 부는 바람을 명지바람이라 한다. 비단결같이 부드러워 명주바람이라고도 한다. 발등을 슬쩍 스치고 뺨을 어루만지고 귓불에 어른거리는 바람이다.

시할아버님은 평생 힘든 일을 해본 적이 없다. 3대 독자로 어릴 때부터 철철이 보약을 먹고 비단옷을 입고 귀하게 자랐다. 가장이 되고도 집안일은 애당초 남의 일이었고 그저 팔도 유람을 일삼는 한량이셨다. 할아버지에겐 비단결 같은 보드라운 명주바람이 따라다녔다. 지나간 곳은 꽃자리처럼 환했다. 훤칠한 키에 옥 같은 흰 피부, 그리고 시원시원한 눈매는 다른 사람들의 관심을 끌기에 충분했다.

모내기가 한창인 초여름, 부지깽이도 일어나서 농사일을 한다는 농번기에도 할아버님은 유유자적 나들이를 다녔다. 모시 두루마기를 날개처럼 펼쳐 입고 손에는 줄부채를 들고 걸음걸음 가볍게 들판을 지났다. 힘든 농사일과 대가족을 돌보느라 바쁜 중에도 어머님은 모시옷 손질을 했다. 풀을 먹이고 다듬질은 기본이요, 일일이 손으로 당기고 매만져 올을 세웠다. 새하얀 동정까지 달아 반듯하게 내어 놓으셨다.

논에서 일하는 동네사람들의 따가운 눈총은 아랑곳하지 않고 식구들의 원망 따윈 잊은 지 오래였기에 며느리가 손질한 모시 두루마기를 입고 학처럼 날듯 신작로를 따라가 기차에 오르곤 했다.

동래 온천장 광장에서 할아버지가 하얀 명주 손수건을 들고 나붓나붓 춤을 추면 사람들이 모여들고 뭇 여자들의 가슴을 설레게 했다. 할아버지는 두루마기 자락에 바람을 매달고 신선놀음으로 세월을 보냈다. 벼가 뜨거운 뙤약볕에 쑥쑥 자라고 이삭이 배가 불러 고개를 숙일 때도 부채로 뜨거운 태양을 가리고 들길을 다녔다. 그 행보가 점잖기로는 따를 자가 없었다.

어찌 온천장뿐이었을까. 눈이 녹으면 봄맞이를 하기 위해, 가을이면 건들마를 쐬러 전국의 곳곳을 두루 다니셨다. 일흔에는 한라산 백록담에 올랐다. 할아버님이 제주도의 거친 바람을 맞고 돌아오신 뒤에도 꼬박 30년을 어머님은 여름이면 모시 두루마기 손질을 하셨다.

타고난 재주와 넘치는 감성을 주체하지 못하신 할아버지는 홀로 방랑의 바람이고자 했다. 궁벽한 시골에서 살아가기에는 총명함도 때론 커다란 걸림돌이 되었다.

할아버지는 봄날, 명지바람처럼 그렇게 화창하게 가셨다. 돌아가신 후 벽장 속 종이함을 열어보았다. 합죽선과 오엽선이 들어있고 명주 손수건과 옥색 돈주머니, 가죽 안경집과 회중시계 그리고 여자의 옥가락지 한 쌍이 들어 있었다. 그 속에서 숨죽이고 있던, 할아버지가 사방에서 데리고 온 바람이 휘익 밖으로 달음질을 쳤다. 바람은 그렇게 할아버지처럼 머물지 못하고 사방으로 흩어졌다.

비밀

관객은 스무 명 남짓 되어 보였다. 극장 안에 드문드문 앉은 사람들은 나처럼 어중간하게 나이가 든 여자들이었다. 양장점에 대한 비밀이 하나쯤 있거나 맞춤옷에 대한 향수를 품고 온 것이 틀림없어 보였다. 그들의 차림새에서 알 수 있다. 제일 눈에 띄는 관객은 손자와 아들의 팔에 의지해서 들어온 키가 작은, 여든은 훨씬 더 되어 보이는 할머니였다. 단정한 매무새지만 걸음걸이가 몹시 불편해 보이고 허리도 반쯤 굽었다. 영화 「미나미 양장점의 비밀」을 슬며시 풀러 온 할머니는 분명 동네 골목길의 작은 양장점 주인이었을 것이다. 한 땀 한 땀 바느질을 해 보지 않았다면 불편한 몸을 손자의 팔에 의지해 극장에 올 리가 없지 않은가.

영화의 첫 장면부터 나는 강하게 매료되었다. 주인공의 할머니 때부터 쓰던 소품들이 화면에 죽 나타났다. 무거워 보이는 재단 가위, 크고 작은 단추, 골무와 바늘방석, 바랜 듯한 여러 색의 실타래, 그리고 낡은 재봉틀까지. 무엇보다 감각적인 수선사 '미나미 이치에'의 작업복인 푸른색 드레스에 시선이 고정되고 말았다.

시내의 중심가, 이름난 양장점의 쇼윈도에 팔등신의 마네킹이 입고 있던 옷들은 내겐 물속에 비친 달이었다. 만져 볼 수도 욕심을 낼 수도 없었으니까. 그래도 마네킹이 새 옷을 갈아입으면 일부러 그 앞을 지나다녔다. 가끔 두꺼운 유리벽에 코를 박고 한참이나 들여다보곤 했다. 양장점의 이름이 하나둘 의상실로 바뀌더니 내가 스물을 넘길 무렵에는 세련된 디자인의 브랜드 기성복이 나왔다. 의상실 맞춤옷에 버금가는 비싼 가격의 유명 상표 옷은 빈한한 사람들에게는 야박하긴 마찬가지였다.

어머니는 반나절이면 내 원피스 한 벌을 뚝딱 만들었다. 그래서 옷가게에서 새 옷을 사는 법이 없었다. 어머니가 재봉틀을 돌리는 것이 몹시 싫었다. 친구들이 입고 있는 옷은 무늬도 다양하고 모양도 개성이 넘쳤지만 내 옷은 아니었다. 유행 지난 어머니의 한복을 리폼한 색이 바랜 짧은 치마, 아버지의 양복바지를 뒤집어 만든 반바지, 작아져 못 입게 된 옷들을 자르고 잇대어 장만한 긴 윗옷은 아무리

봐도 어색했다. 중학교 때, 아버지의 낡은 와이셔츠의 칼라 부분만 떼어 낸 리폼 여름 교복은 상상만 해도 끔찍했다. 다른 아이들의 교복은 새하얗고 반짝거리는데 내 옷만 누런빛이 돌았다. 나는 땅만 보고 걸었다. 어머니의 재봉틀을 내다 버리고 싶었다.

고등학교 때는 새 천으로 교복을 맞춰 입었지만 친구들의 옷하고는 비교가 되지 않았다. 시내 큰길가에 있는 송옥양장점이나 브라질양장점의 교복은 때깔이 달랐다. 천도 고급스러웠지만 어딘지 모르게 매끄러워 보였다. 같은 플레어스커트라도 일류 양장점의 옷은 아래가 나팔꽃처럼 자연스럽게 주름이 잡혀 뒷모습이 아주 예뻤다. 상의도 허리 부분이 잘록해서 스커트랑 잘 어울렸다. 그런데 교복을 전문으로 한다는 학교 앞 양장점에서 맞춘 내 옷은 아무리 봐도 맵시가 나지 않았다. 내가 불평을 할라치면 어머니는 옷이 아니라 그 친구들의 몸매가 다르다고 단정을 지어 버렸다.

그 이후에도 내 옷들은 대부분 어머니의 야심찬 작품들이었다. 양장점이나 양복점에서 얻어온 자투리 천으로 등산복 조끼도 척척 만들어 내고 빳빳한 수영복도 거침없이 나왔다. 잠옷이나 평상복은 말할 것도 없었다. 스물을 넘긴 가을이었다. 어머니가 큰맘 먹고 천을 끊어와 내 원피스를 만들었다. 송옥양장점의 쇼윈도를 장식한 것보다 훨씬 멋

있었다. 화사한 꽃무늬가 그려진 새 옷감 앞에서는 어머니도 남다른 각오를 보였다. 디자인이며 바느질이 전문가 수준이었다. 이제껏 불신해온 어머니의 바느질 솜씨를 그 원피스 한 벌로 완전히 상쇄시켜버렸다. 거기까지였다. 나는 더 이상 어머니가 만들어주는 옷을 입지 않았고 양장점의 맞춤옷에 연연해하지 않았다. 여러 기성복 브랜드가 나와 사람들의 관심은 자연스레 그 쪽으로 쏠렸다.

그런데 사건이 생겼다. 대학을 졸업하고 서울 고모네 집에서 반여 년을 보낸 적이 있었다. 앞날이 뿌연 안개 속이라 편입을 해서 다른 공부를 해 볼까도 싶었고 잡지사에 취직할 생각도 있었다. 그때 서울 사는 사촌오빠가 결혼을 했다. 새언니는 토박이 서울 여자였다. 어쩐지 가까이 가기가 어려워 슬슬 피해 다녔는데 내게 옷 한 벌을 지어 주겠다고 했다. 알고 보니 결혼 전까지 잘 나가는 양장점을 운영했었다. 맞춤옷에 대한 불신이 있어 망설이고 있는 사이에 언니는 동대문시장에서 옷감을 끊어오더니 치수를 재고 마름질을 하여 내가 지켜보는데서 멋진 옷을 탄생시켰다.

여름이 시작될 무렵이라 연한 하늘색으로 만든 재킷과 바지였다. 근사한 의상용어로 팬츠슈트라고 했다. 아, 그 옷은 날개옷이었다. 내 신체 조건을 고려해 디자인을 했기에 재킷은 약간 기형적인 짧은 허리를 커버할 수 있었고 바지는 당시 유행하던 나팔바지였다. 무릎까지는 살짝 붙고 무릎에서 발목까지 과하지 않게 퍼지는 모양은 세련미가 돋보였다. 그러니까 내 체형에 맞춤한 옷이었다.

여름이 시작되자 나는 서울 생활을 접어야 했다. 갑자기 발령이 났다. 첫 출근하는 날, 당연히 언니가 지어준 그 팬츠슈트를 입고 갔다. 여름이 다 갈 때까지 그 옷을 즐겨 입었다. 아버지는 온 동네 먼지를 쓸고 다닌다고 싫어했지만 나팔바지를 입으면 날개 하나를 단 기분이었다. 무엇보다 싸구려 합성피혁 구두를 살짝 가려주는 그 길이가 마음에 들었다.

사람들은 꼭 물었다. 어디서 맞춘 옷이냐고. 나는 서울이라고 짧게 답했지만 모두들 유명한 의상실이라고 믿어버렸다. 그 이상은 답을 하지 않았으니까. 근사한 팬츠슈트에 맞춰 머리에 웨이브도 넣고 걸음걸이도 좀 당당해졌다. 어머니의 꽃무늬 원피스 이후에 맞춤옷에 대한 내 불신을 지워준 또 하나의 사건이었다.

사촌 오빠가 여러 해 전 돌아가셨고 언니와 만날 일도 없는데 가끔 팬츠슈트를 입고 출근을 하는 젊은 여자들을 볼 때마다 옷 한 벌로 내게 당당한 직장인이 되게 해 준 그 시절이 그립다.

영화 속에 나오는 옷들은 내 마음을 달뜨게 했다. 새언니가 지어준 맞춤한 옷을 입고 다닌 그 여름날처럼. 극장을 찾은 중년을 넘긴 여인들도 나처럼 「비나미 양장점」의 옷을 입고 싶어 찾아왔을 것이다. 적막감이 도는 골목 안쪽, 낡은 바느질 도구들이 있는 작업실에서 만든 이치에의 장인 정신이 배인 옷을 입을 수 있다면 남은 생은 더할 나위 없이 넉넉하리라. 재봉틀의 페달 밟는 미세한 소리도 그 속에 담겨 있을 테니까. 그것을 마음속 비밀로 간직한 채 모두들 영화의 엔딩크레딧을 평온하게 보고 있다.

신기료 장수

기루 씨가 사라졌단다. '기루 씨…?' 느닷없는 친구의 전화를 받고 잠시 머릿속이 하얗게 되었다. 서둘러 외출 준비를 마치고 스팽글 달린 새 구두를 꺼내려던 참이었다.

"어디로 간 줄 너 알지?"

높은 담장 아래 붙박이로 있어야 할 그가 영영 없어졌다고 괜히 나한테 까탈을 부렸다. 그제야 '아하' 하고 그 남자가 생각났다. 고향 갈 일이 없어진 이후로 까맣게 잊고 있었다. 그렇다면 당연히 은퇴한 것이 아니냐고 말을 자르고 싶었다. 하지만 오랜만에 진주의 옛 동네를 다녀오는 중이라며 실의에 빠진 목소리가 전화선을 타고 그대로 전해졌다.

옆에 있던 찐빵가게도 그대로이고 골목 안 비빔밥 집도

아직 성업 중인데 마땅히 있어야 할 기루 씨가 없다는 것이 말이 되느냐고 따지듯 물었다. 나는 왜 말이 안 되는지 몰라 그냥 듣기만 했다.

신기료장수인 그 남자, 시장 입구 높은 건물 담장에 기대어 족히 사십 년은 보냈을 것이다. 널따란 소가죽 판을 올린 넓적다리에 고무신이든 운동화가 되었든 얹히기만 하면 벌어진 입도 꾹 다물어지고 들고 일어나던 신발 바닥도 아귀 맞게 제자리를 잡았다. 오래 신어 쭈그러든 주름 잡힌 구두가 반주그레한 얼굴로 새것처럼 변신을 하기도 했다.

신기료장수는 비바람 피할 곳도, 햇볕 가려줄 지붕도 없는 길바닥에서 그렇게 긴 세월을 보냈다. 낡은 연장통, 오래 써서 반질반질 닳은 징걸이와 신발을 눌러주는 쇠 받침대가 전부인 그의 재산 옆에는 너저분한 신발들이 온갖 냄새를 풍기며 쌓여 있었다.

"우리 비닐 구두를 기루 씨가 얼마나 매끈하게 잘 고쳤니. 너는 발바닥이 넓어 김밥 옆구리 터지듯 자주 터졌어! 알지."

내 걸음걸이가 바르지 못해 한쪽만 뒤축이 심하게 닳기도 했단다. 생경한 일이다. 나도 기억 못하는 일을 그녀는 어제 일처럼 주섬주섬 주워섬긴다.

첫 직장을 갖게 되어 처음으로 구두를 맞추었다. 시내 번화가에 자리 잡은 미도양화점. 그 가게의 쇼윈도에 전시된 화려한 구두에 마음이 쏠려 거금을 들여 가죽구두를 맞춰 신었다. 난생처음이었다. 유행을 따라 앞코를 뾰족하게 올려 모양은 그럴듯했다. 그런데 볼이 넓고 발등이 높은 내 발은 불편함을 넘어 고통스럽다고 하소연을 했다. 출근길에 많이 걷고 때론 뛰어다녀야 했던 나는 미련 없이 반들거리는 가죽구두와 이별을 고했다.

가죽구두 대신 합성 피혁으로 만든 기성화를 신고 버스 통근을 했다. 차에서 내리면 자갈길도 걷고 진흙길도 걸어야 했다. 덕분에 굽은 자주 닳고 여기저기 실밥이 터지는가 하면 얇은 비닐막이 벗겨지기도 했다. 같은 버스로 통근을 하던 친구랑 나는 기루 씨의 단골이 되었다.

처음엔 깍듯이 '신기료장수'였다. 그러다 혀끝을 말아 '료' 발음 하기가 귀찮아져 우리 멋대로 '신기루장수'라고 불렀다. 벗겨진 뒤축에 구두약을 발라주는 공짜 서비스를 받는 날이 많아지자 '신기루아저씨'가 되었다. 터진 곳에 몇 번의 박음질 정도는 굳이 돈을 받지 않아 그 보답으로 갓 구운 센베이 과자나 꿀호떡을 사서 같이 먹으면서는 그냥 기루 씨로 불렀다.

겨울이면 양지바른 쪽으로 옮겨 앉고 여름이면 낡은 우산 하나로 겨우 햇볕 한줌을 가려가며 그 자리를 지켰다. 그는 사연 많은 신발들을 종일 깁고 두드리며, 징을 박거나 밑창을 갈아 어엿번듯하게 새싱으로 내보냈다. 가장 낮은 곳에서 제 직분을 다하느라 냄새에 절고 세상의 먼지를 둘러쓴 신발을 정성껏 다루는 기루 씨의 손은 겸허했다. 언제나 신발보다 더 낮은 자세로 온갖 신을 섬겼다.

그의 굳은살 박인 커다란 손의 위력이 두루 소문을 타면서 멀리서도 헌신짝들이 줄줄이 담장 밑으로 찾아왔다. 기루 씨의 넓적다리 위에는 온갖 신들이 강림을 했다. 어머니 고무신과 동생들의 운동화, 아버지가 아끼는 신세계백화점표 구두도 그곳에 오르면 새롭게 탄생했다.

"신神을 믿으세요?"

"고무신, 짚신, 가죽신, 나막신 다 믿지요."

우문에 현답을 하던 기루 씨가 분명 '고쳐요'라고 했을 텐데 '믿지요'로 들렸던 지난날들이 점점 선명해졌다.

전화 받기가 지루해져 신기루는 사라지는 것이라고 잘라 말했다.

"그곳이 사막이야, 북극이야?"

아, 맞다. 우린 통근 버스 속에서 신기루 현상에 대해 수없이 이야기를 했었다. 과학 교사인 그녀는 빛의 굴절에 대해 그림까지 그려가며 내 이해를 도왔다. 북극의 신기루는 사막의 그것과 다르다고. 생전에 꼭 가보고 싶은 곳 중의 하나라고 강조를 했다.

고비사막에 갔을 때는 푸른 호수가 줄지어 나타나는 신기루 현상을 보고 버스에서 내려 사막 가운데를 끝없이 달려보았다. 그때, 징걸이에 거꾸로 매달린 내 구두를 탁탁 두드리던 기루 씨의 모습이 잠깐씩 보였었다.

고향을 떠나와 살면서도 친정집을 갈 때면 일부러 그 길을 지났다. 그는 내 신발을 벗겨 구두약을 칠해 윤이 나게 닦아주었다. 흰수염이 거칠게 나고 더부룩한 검은 머리가 백발로 바뀌었을 뿐 한동안 그 자리를 지켰었다. 낡고 해진 것들 사이에서 서서히 늙어 가는 그의 모습은 낙타를 타고 타르 사막을 여행할 때도 희미하게 보였었다. 기껏해야 사막에서나 그의 존재 유무를 잠깐 궁금해했을 뿐이다. 신기루가 사라진 것은 당연한 일인데 어쩌란 말인가.

"신기루가 아니라 오아시스를 찾아갔단 말이야."

진작 그렇게 말했다면 마른 침을 삼키지 않았을 텐데. 그야 그렇지. 고향은 노년을 바라다보는 사람들에게 오아시스가 아닌가. 기루 씨는 길 위의 사람들에게 구멍 난 인생을 감쪽같이 기워주고 긁히고 상처 난 곳을 깨끗하게 치유해 주었으니 험난한 인생길을 지나온 사람들에겐 오아시스였다.

친구의 오아시스 이야기에 가슴이 싸해져 순한 마음이 되었다. 요새 신기료장수가 성업하는 데가 어디 있냐고. 모두 구두 종합병원으로 업그레이드됐다고 달래본다.

"왜? 신기료장수가 어때서. 떡 벌어지게 잘 차려놓으면 그게 무슨 신기료장수야."

처음보다 기운이 빠진 목소리다. 하긴 지붕 있고 문턱을 넘어야 하는 가게라면 신을 섬길 수는 없을 것이다.

긴 장마가 계속되면 기루 씨가 징검징검 보였다. 매서운 북풍이 불고 한파가 기승을 부리던 정월에도 여러 날 부재중을 알렸다. 맑은 날, 그가 보이지 않았다면 집안에 큰일이 있거나 자신이 아픈 날이었다. 그럴 때 우리는 '있다 없다'가 아니라 '나타났다 사라졌다'로 표현했다.

이번에는 내가 목소리에 리듬을 실어 물었다.

"너 북극은 다녀왔니? 북극에서 신기루 현상은 어땠어."

전화기 저편에서 아무 말이 없다. 조금 거친 숨소리가 들리더니 바짝 톤이 올라간 소리로 말했다.

"북극 다녀와서 기루 씨 만나러 같이 가자."

조용히 수화기를 놓았다. 신기루 현상에 대해 과학 선생인 그녀는 거꾸로 생각하고 있는 것 같았다. 지나칠 만큼 말이 없는 기루 씨도 그녀 앞에서는 벙싯벙싯 웃고 농담도 했다. 같이 통근하던 다른 선생님들의 신발까지 다 거두어 고쳐다 주던 열성을 모르는 바 아니지만 기루 씨를 찾아보자는 말에는 공감이 가지 않았다. 그가 아직도 입 벌어진 구두를 손가락 찔려가며 박음질하고 있어야 옳은가 말이다. 외출 준비를 마치고 스팽글 달린 새 구두를 꺼내던 순간에 받은 친구의 전화는 시간을 휙 돌려놓았다. 약속 시간이 얼마 남지 않아 급히 구두에 발을 넣는 순간 전화벨이

요란하게 울렸다. 나는 현관문을 밀었다.

아직 존재 증명이 필요한 친구에겐 기루 씨의 부재가 낯설고 서글픈 일임에 틀림없을 것이다. 그녀는 지금 기루 씨를 찾자는 것이 아니다. 고향마을에 남아 있어야 할 우리들의 이야기가 신기루처럼 사라지는데 대한 허탈함이 짙게 그녀의 몸을 휘돌고 있는 것이다.

귀명창 입문

한 시간째 웅크린 자세로 요지부동이다. 저 남자, 허리를 펼 생각이 없어 보인다. 어째서 넓은 탁자의 모퉁이에 엉덩이를 반쯤 기대고 벽을 향하고 있는지 모르겠다. 저걸 어쩌나. 나는 김치전을 부칠 때 뒤집개를 들고 맥없이 바라보다 꺼멓게 태우고 말았다. 싱크대 앞에 서서 무채를 썰면서도 흘끗흘끗 돌아본다.

성충이 되기 위한 숨죽인 번데기 같은 자세다. 저러다 복사꽃 분분이 흩날리는 날, 영화 쿵푸팬더의 우그웨이 대사부처럼 우화등선羽化登仙을 해서 날아오르는 건 아닐까. 지나치게 헐렁한 겉옷이 마치 벗어놓은 허물처럼 보인다.

벌써 한 달이 넘도록 자신을 가두고 있다. 귀에 이어폰을 꽂고 있으니 분명 좋아하는 클래식 곡을 듣고는 있을 것이다. 어제는 어떤 곡이냐고 물었더니 베토벤 피아노소나타와 피아노협주곡이 진하게 울림을 준다며 짧게 한마디했다. 얼마 전, 우리는 음악회에서 '베토벤 피아노협주곡 5번 황제' 연주를 듣고 며칠 그 감동으로 들떠 있었다. 피아노와 관현악의 조화가 아름다웠고 젊은 피아니스트 김선욱의 연주는 탁월했다.

지난해 봄, 웅크린 저 남자는 클래식 공부를 제대로 해 보겠다며 두 곳의 음악 강좌에 등록을 했다. 그리고 신세계를 향해 나가듯 신나게 하루하루를 지냈다. 도서관을 열심히 드나들고 연주회도 빠짐없이 찾아다녔다. 내가 좋아할 만한 곡들을 선별해 들려주며 해설까지 덧붙였지만 듣는 척만 했다. 클래식 세계의 숨겨진 이야기를 들려줘도 건성으로 흘려들었다. 굳이 나까지 빠져들고 싶지 않았다.

그가 음악의 세계에 발을 들여놓은 것은 결혼 이후다. 처음으로 둘이서 교향악단의 연주회에 갔는데 악기 이름을 제대로 알지 못했다. 음정을 나타내는 기본 단위도 교향악단의 구성도 전혀 몰랐다. 그날 이후 음악에 대한 기본 지식을 들려주었다. 의외로 효과가 컸다. 시골에서 중고등학교를 나온 그는 음악수업을 제대로 받아 본 적이 없다고 했다. 내게 익숙한 것이 그에겐 멀고 낯선 세계였다.

고등학교 때, 음악선생님은 귀한 클래식 명반을 가져와 자주 들려주었다. 빈 필 하모니오케스트라, 베를린 필하모니, 런던 심포니도 그때 처음 접했다. 가끔 선생님께 레코드판을 빌려 성능 좋은 오디오가 있는 친구 집에 모여 귀를 쫑긋 세워 진지하게 들었다. 합창반 지도를 하시던 선생님은 노래 연습을 하다 쉬는 시간이면 명곡 감상 시간을 갖기도 했다. 그러고 보면 나는 음악에 있어 무한혜택을 받은 셈이다.

결혼 후 30년 동안 저 남자는 한 번도 싫은 내색 않고 음악회에 동행해주었다. 지난 10년은 나 대신 그가 예매를 맡았고 좋은 공연을 찾아 부산이든 서울이든 같이 다녔으니 귀명창이 되기 위한 기초를 어느 정도 다지긴 했다.

악기 연주는 감히 할 수 없고 노래 부르는 것도 재주가 없으니 제대로 귀명창이라도 되는 것이 목표라고 했다. 비바람이 몰아치는 날에도 바람을 뚫고 강의에 빠짐없이 참석하고 도서관의 예술분야 코너를 뒤져가며 책을 읽었다. 아침부터 저녁까지 열정적인 바이올린 선율이 오디오에서 흘러나와 집안에 넘쳐나기도 했다. 귀명창이란 본디 소리에 관한 정확한 이해와 지식을 바탕으로 제대로 감상하는 능력을 갖추어야 한다. 그렇다면 많은 노력이 따라야 한다는 것이 그의 지론이다.

겨울에 접어들자 저 남자 신바람 나던 그 일이 갑자기 시들해졌다. 기운이 다 빠져 허깨비처럼 보였다. 몸무게도 급격히 줄더니 주름도 늘었다. 머리도 희끗해졌다. 걸음걸이마저 엉거주춤하여 예전의 시아버지를 닮아가고 있다. 사람이 갑자기 작아질 수 있다는 것이 믿기지 않았다. 양복을 갖춰 입으면 보기 싫지 않을 만큼 옷매도 산뜻했는데 그마저도 사라져 안타까웠다. 그 원인이 아주버님의 죽음에 있었다는 걸 알아채는데 한참이나 걸렸다.

지난해 가을, 아주버님이 교통사고로 불귀객이 되었다. 그는 사고 수습을 하고 장례를 치르고 여러 가지 서류정리를 하느라 한동안 정신이 없었다. 어느 정도 일이 마무리되던 그즈음 몹시 앓았다. 눈이 퀭하게 들어가더니 머리카락이 자꾸 빠진다고 했다. 아마 그 이후였을 것이다. 저렇게 행동이 부자연스럽고 움직임이 굼뜬 것은.

거듭되는 사업실패와 현실감각 없이 망상을 좇는 형은 저 남자에게 몽근짐이었다. 그는 형과 의식적으로 마주치지 않으려 했지만 그런 불편한 관계를 유지하느라 몹시 힘든 눈치였다. 그런데 언제부턴가 그 형이 달라지기 시작했다. 자신이 아니라 주변을 조금씩 돌아보기 시작했고 가족들의 안녕을 묻기도 했다. 저 남자도 함께 여행을 하며 서로에게 남은 찌꺼기를 털어버리고 형제애를 되찾고 싶어 했다. 그런 야심찬 계획이 진행 중이었는데 형은 서둘러 세상을 떠나고 말았다.

알고 보면 아주버님은 집안의 줏대잡이였다. 장손이기에 그 많은 제사에서 주장이 되어 앞자리에 섰고 고향을 지켰으며 부모를 돌아가시는 날까지 보살폈다. 아주버님이 돌아가신 후 남편은 처음으로 제주가 되어 조상님께 절을 올릴 때, 두 번씩이나 다리가 휘청거리는걸 보았다. 조카의 결혼식 날, 형을 대신하여 혼주 자리를 지킨 남편은 집에 돌아와 뜬눈으로 밤을 새우더니 다음날은 종일 밥도 먹지 않았다. 거실의 귀퉁이에서 이어폰을 낀 채 해껏 음악만 들었다.

며칠 전부터는 어깨 통증을 호소하더니 앉은 자세가 영 불편해 보인다. 음식을 조금만 먹어도 배탈이 난다. 여전히 클래식 강의는 들으러 다니고 있다. 그런데 새로운 곡을 들려주지 않는다. 어쩌면 그는 잔뜩 겁먹고 있는지도 모른다. 집안일을 주도적으로 이끌고 아버지를 잃은 조카들의 작아진 어깨를 감싸주는 일도 힘에 겨운가보다. 좀 더 시간이 필요해 보인다. 그렇다면 음악이 가장 위로가 될 수밖에.

닫힌 귀를 열고 귀명창이 되려는 저 남자, 어쩌면 지금 멀리 내다보며 소리를 모으는 법을 배우는 중이다. 크게 걱정할 일이 아니다. 자세히 보니 그의 손가락이 리듬을 타고 있다. 어라, 허리를 죽 펴고 벌떡 일어나 방으로 들어가기에 얼른 이어폰을 내 귀에 꽂아본다. 모차르트의 레퀴엠이 흘러나오면 어쩌나 염려했는데 재즈풍의 피아노곡이다. 조지 거쉰의 '랩소디 인 블루'다. 피아노 건반이 통통 튀어 오른다. 작은 소리에도 민감하게 반응하고 남의 말도 귀 기울여 듣는 저 남자, 진짜 귀명창이 되려나 보다.

여름이 시작되는 유월 초입에 전주 대사습놀이에 함께 가야겠다. 클래식도 좋지만 우리 판소리를 꼭 들려줘야 한다. 판소리 세계에서는 명창보다 중요한 것이 귀명창이렷다. 진정한 귀명창이 되도록 판을 벌여줄 참이다. 전통 판소리의 고장에서 소리의 바다에 빠지면 '뻥'하고 귀가 뚫릴지도 모른다.

나는 싱크대로 돌아서서 하던 칼질을 마저 한다. 무채가 아까보다 곱다. 슬쩍 다시 돌아보니 어느새 저 남자 이어폰을 꽂고 있다. 열려라 참깨!

싸움의 기술

이중섭의 그림「투계」앞에 서 본다.

작은 화면이 점점 크게 확대되어 보인다. 두 마리의 싸움닭이 사선구도로 배치되어 있어 시선을 확 끌어당긴다. 붉은 벼슬을 바짝 세우고 온몸에 적의를 드러낸 투계 두 마리가 평면구도라면 얼마나 밋밋한가. 날개를 활짝 펼치고 높이 뛰어오르는 놈과 어떤 경우에도 이길 각오가 되어 있는 또 한 놈이 비스듬한 구도에서 더 팽팽한 긴장감을 준다.

붓을 사용하지 않고 나이프로 처리한 스크래치 형식은 격렬함을 강조하고 있다. 그림을 오래 들여다본다. 밑바닥으로부터 갑자기 뭔가 끓어오르기 시작한다. 눈에 기운이 점점 오르더니 충혈된다. 머리카락도 쭈뼛 서는 느낌이다. 그러면서 온몸에 진저리가 쳐진다. 싸움에 대한 원초적 본

능이 지나치게 빨리 반응을 보인 것이다.

축제가 한창인 시골장터의 투계장을 빙 둘러 에워싼 사람들은 한껏 고조되어 환호와 탄식을 연발했다. 마치 자신이 싸우는 것처럼. 나 또한 다르지 않았다. 싸움닭이 흙먼지를 일으키며 순식간에 땅을 차고 오르자 나도 모르게 발바닥이 아프도록 땅을 차 버렸다. 상대방을 향해 발톱을 세워 쉬지 않고 공격을 해대느라 몸이 열에 들떴다. 그즈음 매일 피해의식에 사로잡혀 보이지 않는 누군가를 할퀴고 싶어 안달을 했었다. 이중섭의 「투계」를 보고 있으니 속내를 감추지 못한 그날처럼 날갯죽지가 근지럽다. 흠칫 놀라 그림 앞에서 슬며시 물러나 전시장의 반대편을 향한다.

태생이 그랬다. 작은 것에도 두려움이 앞섰다. 세상사는 일에 뒷걸음질만 치는 데면데면한 나를 친구는 답답해했다. 직설적인 말도 곧잘 하던 친구 덕분에 내 약점은 여지없이 밝은 햇빛 아래 너덜너덜 드러나곤 했다. 남의 동정심이나 자극하는 태도에 짜증이 났던지 어느 날, 시내와 좀 떨어진 자기 집으로 나를 데려갔다.

친구 집은 농사도 짓고 가축도 길렀는데 싸움닭도 여러 마리 있었다. 일본종인데 '샤모'라고 힘주어 말했다. 미끈하고 늘씬한 다리, 곧게 뻗은 목, 넓고 긴 꼬리는 탄탄했다. 군살 하나 없는 꼿꼿한 몸매를 보는 순간 약간의 흥분이 일었다. 혹 수탉 앞에서도 내가 주눅이 들까 봐 잔뜩 긴장하던 친구가 웃음을 띠며 말했다. 싸움닭이 되어 보라고. 고등학교 1학년 봄이었다.

그해 가을, 싸움닭이 되어 승자가 된 사건이 일어났다. 모두가 수재라고 인정하는 부잣집 외동딸인 K는 항상 목을 꼿꼿하게 세우고 다녔다. 무엇 하나 빠질 것이 없어 우리 반 아이들을 심히 불편하게 했다. 안하무인격인 그녀를 슬슬 피해 다녀도 학교 도서관에서 자주 마주쳤다. 내가 읽는 책 표지를 휙 넘겨보고는 꼭 한마디했다.

"그거 중학교 수준 아냐?" "나는 벌써 읽었는데, 좀 늦지 않니?"

봄부터 나에게 트집거리를 잡던 그녀와 정면 승부가 벌어졌다. 가을소풍에서 닭싸움을 하게 되었는데 상대로 나를 골랐다. 키도 비슷하고 덩치도 거의 같지만 누렇게 뜬 얼굴로 구석자리나 찾아다니는 내가 만만하게 보였을 것이다. 그래도 모래판에서 벌이는 정정당당한 싸움인데 질 수는 없었다. 아, 그런데 그 애의 오뚝한 콧날이 햇빛에 반짝 빛나는 것을 본 순간 다리에 힘이 빠지는 것 같았다. 그때, 누군가 "샤모!" 하고 외쳤다. 싸움닭이 되어 보라고 내 본능을 자극했던 친구였다. 외다리로 서는 거라면 얼마든지 자신이 있었다. 남보다 긴 목을 쭉 빼고 눈에다 힘을 주고 다가갔다. '샤모'가 되어 날개를 활짝 펴고 잽싸게 날아올랐다. 오만한 그녀를 쪼고 할퀴는 사나운 수탉이 되어 가볍게 승리를 했다.

내 안에 도사리고 있던 응어리를 토해 낸 그 가을 이후, 괜히 어설픈 싸움닭 흉내를 냈다. 어깨에 빵빵하게 바람을 넣고 도서관을 휘젓던 K에게 얼토당토않게 도전의식을 느껴 책상 앞을 떠나지 않았다. 아니 진중함을 잃은 나는 그녀뿐만 아니라 누군가를 뒤에서 끊임없이 노려보곤 했다. 열여섯 그때도 그랬지만 어른이 된 후에도 진정한 싸움의 기술을 몰라 냉혹한 투쟁의 세계에서 지금껏 하수로 살고 있다.

허방다리를 짚고 사는 사람은 의외로 많았다. 결혼하고 처음 살림을 차린 동네 어귀에 작은 슈퍼가 있었다. 뽀얀 얼굴에 입술을 새빨갛게 칠한 가겟집 주인 여자를 모두 '싸움닭'이라고 불렀다. 혼자서 어린 남매를 키우는 젊은 여자였다. 동네 아이들은 군것질거리를 사러 들락거렸고 남자들은 담배와 술을 샀다.

가끔 해 질 녘이면 동네 여자들과 싸움이 붙었다. 그녀는 팔을 걷어붙이고 육두문자로 한바탕 골목이 떠나가도록 악다구니를 썼다. 하나둘 사람들이 모여들면 기세가 더 등등해졌다. 동네 여자들은 웃음이 헤픈 여자를 경계의 대상으로 삼았다. 남편이 있다면 아무도 그 여자와 싸우지 않을 거라는 생각에 항상 연민이 앞섰다. 알고 보면 부족함을 감추려고 바짝 벼슬을 세우는데 사람들은 그걸 참지 못했다.

우리가 세든 주인집 여자도 마찬가지였다. 그 가게에 자주 드나든다고 나를 힐책했다. 담배를 꼭 그곳에서 사야 하느냐고 자기 남편에게 따지기도 했다.

날이 갈수록 여자의 입술은 더 붉어졌고 싸우는 횟수도 잦아졌다. 그러더니 어느 날 홀연히 떠나고 말았다. 골목 안은 조용해졌는데 괜히 서글펐다. 알고 보면 우리가 딛고 사는 이 세상이야말로 싸움판이다. 그녀도 나처럼 보이지 않는 것들을 향해 잔뜩 적대감을 품고 있었으니 어떻게 자신을 이길 수 있었으랴. 싸움에도 기술이 필요하다는 걸 알지 못했던 것이다.

전시장을 이리저리 기웃거리다 이중섭의 「투계」 앞에 다시 돌아와 선다. 비극적이고 절망적인 삶 속에서 그려진 그림은 극적인 긴장감을 보여준다. 암울한 현실 속에서 정신적 불안을 숨기려고 애쓴 흔적이 역력하다. 저만치 이중섭이 보인다. 어쩌면 그는 장자가 말한 목계지덕木鷄之德을 표현하려고 애쓴 것이 아닐까. 자신의 좌절된 삶을 완전히 숨기고 부드러움 속에 빛나는 광채를 보여주려 했는지도 모른다.

영화 속에서 영웅호걸이었던 또 다른 남자를 그림 속에서 만난다. 얼마 전에 이소룡의 어록을 모은 『나를 이기는 싸움의 기술』이란 책을 읽었다. 철학을 공부한 그 남자의 모든 글귀는 삶의 방식에 대해 치열한 사유를 보여주었다.

그가 떠난 지 37년이 지났는데 살아있던 그때처럼 다가왔다. "나 스스로를 이긴 자가 최강자다." 이 글귀를 읽는 순간 이소룡이 장자가 말한, 부드러움이 강함을 물리친 목계지덕을 갖춘 사람이라는 생각이 들었다.

'목계'란 나무로 만든 닭이란 뜻이다. 목계처럼 자신의 감정을 통제하여 상대방에게 완전한 모습을 보여줄 때 최고의 투계가 된다고 했다. 이중섭은 최고의 투계를 그리기 위해 오래도록 마음속에 수십 마리의 목계를 새겼을 것이다.

겸손한 척, 부드러운 척 남의 눈을 속이고 늘 공격적인 자세로 살아온 것이 부끄럽다. 스스로 상처를 내 피를 철철 흘리던 붉은 입술의 여자도 내 곁에 세운다. 두 마리의 싸움닭은 우리를 완전히 무장해제시킨다.

이중섭의 그림 앞에서 싸움의 기술을 배운다. '싸우지 않는 것이 이기는 것'이라고 싸움의 고수인 영웅도 말한다. 그러나 투계 한 마리를 키우기로 했다. 마음의 울타리를 치고서. 그건 목계가 절대 될 수 없는 나 자신이 무력감에 빠질까 두려워서이다.

장마

복숭아

비는 여러 날 계속 내렸다. 비를 피해서 이사를 할 수가 없을 만큼 우린 절박했다. 아버지랑 이삿짐을 실은 트럭이 먼저 떠나고 우리는 뒤벼리고개를 넘어 걸어서 가야 했다. 빗줄기가 굵어 우산도 별 소용이 없었다.

언덕에는 복숭아밭이 펼쳐져 있고 주렁주렁 달린 복숭아는 애기 주먹만큼 컸다. 한입 베어 물면 입가로 단물이 주르르 흐르는 수밀도였다. 가던 길을 멈추고 복숭아에 코를 가져다 대곤 했다. 그럴 때마다 어머니가 내 손을 힘껏 잡아당겼다. 등에 업힌 막내를 보호하려고 안간힘을 쓰다 보니 어머니는 진작 비에 흠뻑 젖어 있었다. 그날, 두 여동생의 손을 잡고 복숭아가 익어가는 그 언덕길을 넘었다

아버지의 사업실패로 쫓기듯 고개 너머에 있는 허름한 셋방으로 이사를 했다. 지붕은 낮았고 쪽마루에는 빗물이 고였으며 대문도 제대로 달리지 않은 산비탈의 집에서 사 계절을 보냈다. 그 일 년은 내 어린 날의 가장 암울한 시기였다.

장마가 끝나고 탱탱하게 해가 났지만 여느 여름과 같을 수가 없었다. 여름이면 푸지게 먹던 복숭아를 그핸 먹지 못했다. 복숭아를 살 수 있었더라도 대문 없는 그 집에선 먹을 수 없었다. 좁은 마당을 사이에 두고 세를 들어 사는 집이 네다섯 가구가 모여 있었기 때문이다. 시장에 갔다가 어머니가 잘 익은 백도 하나를 껍질을 죽 벗겨 얼른 입에 넣어준 것이 그 해 복숭아 맛을 본 유일한 것이었다.

나는 푹푹 찌는 여름에도 방에서 잘 나오지 않았다. 좁은 골목과 낮은 지붕이 잇대어진 그 동네가 싫었고 무엇보다 코를 질질 흘리며 딱지치기나 구슬치기를 하는 사내아이들을 마주칠까 두려웠다. 동네 입구에서 엿을 만드는 집의 딸이 알은체를 하며 다가올 때면 들척지근한 냄새에 비위가 상했다. 길 맞은편의 신식 주택에 사는, 아버지가 대학교수인 우리 반 미란이를 만나는 것도 언짢고 거슬렸다. 나는 점점 말이 없어져 열 살의 계집애인 주제에 애늙은이처럼 되어갔다.

아버지는 다시 취직을 했고 우리는 다음해 햇살 좋은 날을 골라 대궐 같은 집으로 이사를 했다. 비록 회사의 사택이긴 했지만 큰 성으로 입성하는 성주의 딸이 된 기분이었다. 지루한 장마가 지나고 여름이 오자 대청마루 끝에는 복숭아를 담은 바구니가 항상 놓였다. 마당에 평상을 펴고 식구들이 둘러앉아 수박화채도 먹었다. 어머니는 우리들의 보양식으로 닭백숙을 자주 해 주셨다. 산비탈의 대문도 없던 그 집을 서서히 잊어갔다.

올여름에는 수밀도를 실컷 먹었다. 여섯 살 난 여동생의 손을 잡고 빗물에 푹 젖어 걸었던 복숭아밭의 근처에 사는 친구가 보내왔다. 오랜 시간이 흘러도 뒤벼리고개를 넘던 그날의 기억은 왜 그리 생생한지 모르겠다.

노란 장화

온갖 신발을 신처럼 모시는 회사에서 일하는 아버지 덕분에 내 발은 호사를 누렸다. 서부경남의 신발 총판을 맡은 아주 큰 회사였다. 기차표, 왕자표, 말표, 범표 신발은 무엇이든 내 것이 될 수 있었다. 눈에 잘 띄진 않지만 약간의 흠이 있는, 상품으로서의 가치가 없는 신발을 마음껏 신었다. 그런 제품은 원가 이하로 언제든 살 수 있는 특권이 아버지께는 있었다. 학교를 졸업하고도 한참까지 나는 아버지 회사의 불량한 신발을 신었다.

우리가 사는 사택은 보기 드물게 고래등같이 덩실한 기

와집에다 솟을대문이었다. 넓은 마당에는 텃밭이 있고 어머니의 꽃밭은 봄부터 가을까지 화려했다. 때론 동네 아이들의 놀이터도 되어 주었다. 겉으로 보기에 나는 부잣집 맏딸이 틀림없었다. 꽃고무신이나 하얀 운동화, 여름이면 고운 색깔의 슬리퍼도 새것으로만 신었다. 한번은 짝의 운동화가 너무 낡아 일부러 바꿔 신고 오기도 했다. 왕자표 신발을 신으면 36색 왕자표 크레파스를 가진 친구 앞에서도 어깨에 힘이 들어갔다. 힘차게 달리는 말이 그려진 말표 운동화를 신고 뛰는 고무줄놀이에선 아무도 나를 따라잡지 못했다. 알록달록한 슬리퍼를 신고 여름 방학이면 자주 이모 집에 놀러갔다. 기차만 타면 금방이었다.

아버지의 무한 혜택을 받고 있다고 생각한 것은 노란 장화 때문이었다. 큰길 외에는 포장된 길이 거의 없던 어린 시절, 비만 오면 동네의 길들은 질척거려 걷기에 불편했다. 학교를 오가는 길도 마찬가지였다. 장마가 시작되자 내 노란 장화는 반짝반짝 빛을 발했다. 자세히 보면 발목 부분에 약간 뒤틀림이 있는 제품이었지만 아무도 눈치채지 못했다. 기획 상품으로 장화에 노란 우산까지 딸려 나왔다. 비닐우산도 귀하던 때, 나는 방수 천으로 만들어진 노란 우산에 장화를 신고 빗물이 고인 진득한 골목길과 운동장을 거침없이 다녔다. 그때만큼 내 인생에 광휘가 난 적은 없었다. 어머니가 시내의 큰 양장점에서 자투리 천을 얻어다 만든 꽃무늬 원피스랑 노란 장화는 썩 잘 어울렸다.

그해 장마는 길었다. 모두들 빨래가 안 마른다고 걱정이었고 건너편 쌀가게에선 곡식들이 물기를 머금어 썩어 간다고 난리였다. 나만 신명나게 온 동네를 쏘다녔다. 집 울타리에 노란 호박꽃이 비에 젖어 힘을 잃든 말든, 비 때문에 우물가에 곰팡이가 파랗게 돋아나든 말든 상관이 없었다.

장마가 끝나고 애호박전을 부쳐 먹고 가지나물이 상에 오르고 오이냉국이 시원해질 때쯤 이른 태풍이 찾아왔다. 마당의 고춧대가 쓰러지고 키다리 달리아가 맥없이 주저앉던 날, 노란 장화에 물이 들어오기 시작했다. 하품이기 때문이라며 아버지는 미안해하셨다. 이번에는 빨간 장화를 갖다 주셨다. 나는 전처럼 신명이 나지 않았다. 빨간 장화를 사 온 뒤로 비는 내리지 않았다. 늦더위가 찾아와 사람들은 여름나기가 어렵다고 또 푸념을 했다. 나 또한 무더위에 지쳐 할 수만 있다면 밀림제과점의 소프트 아이스크림과 빨간 장화를 맞바꾸고 싶었다.

이상한 일이다. 그날 이후 빨간 옷을 사거나 빨간 우산을 사면 가뭄이 들었다. 작년 봄에 서울의 거리에서 갑자기 비를 만났다. 편의점에 뛰어 들어가 빨간 우산을 샀었다. 아, 지난해에는 울산 땅에 장마도 비켜가고 여름 내 비 한 방울도 내리지 않았다. 폭풍우를 수반한 태풍도 없었다.

수국

아버지의 박봉으로 여섯 식구를 건사하고 네 남매를 공부시키기엔 턱없이 부족했을 것이다. 그래도 무슨 요술을 부리는지 중고등학교 때 수업료 고지서를 가져가면 반드시 다음날 돈을 주었다. 학교 서무실에서도 나는 특별했다. 고지서를 주기도 전에 미리 갖다 내기도 했으니까. 아버지는 월급을 받아오면 수업료부터 떼어 내어 장롱 깊숙한 곳에 넣어두었을 것이다.

어머니는 미다스 손을 가지셨다. 음식도 그랬고 생활용품도 돈을 들이지 않고 뚝딱 만들어 내곤 했다. 헌옷을 뜯어 새것처럼 만들어 우리들에게 입히는 것은 기본이었다. 삼천포 해수욕장에 가는 날은 낡은 옷을 잘라 멋진 수영복도 만들어 주었다. 영화광인 아버지는 가끔 영화표를 사는 것 외에는 허투루 돈을 쓰는 법이 없었다. 친구들과도 어울리지 않으셨다. 아마 두 분의 그런 내핍 생활이 아니었다면 우린 공부도 하지 못했을 것이다.

어느 날, 아버지는 이렇게 살다가는 땅 한 뙈기 자식들에게 물려줄 수 없다고 길게 한숨을 쉬셨다. 때마침 서울의 고모네서 좋은 조건으로 아버지를 스카우트했다. 큰 택시회사를 하던 고모는 재정 관리를 해 줄 사람이 필요했다. 아버지는 신발회사를 그만두고 어머니와 서울로 가셨다. 나와 동생이 막 직장생활을 시작했고 나머지 두 동생은 아직 학교를 다닐 때였다. 내 처지가 서러웠다. 돈 같은 것은 그렇게 필요하지 않았다. 여섯 식구가 한집에 살고 싶었다. 부모가 없는 집은 황무지였고 어깨도 매일 뻐근하게 저렸다.

그 여름은 장마가 끝나고도 지루하게 비가 내렸다. 온 집은 습기로 가득했다. 제대로 먹지 못해서 우리는 비쩍 말라 갔다. 드디어 마루의 구석진 곳에 청태가 앉더니 책장이며 책에도 그 진한 놈들이 자리를 잡기 시작했다. 참다못해 어머니께 전화를 했다. 한참을 아무 말 없이 전화기만 들고 있는 내 마음을 알았는지 아버지만 두고 내려오신다고 했다. 마당의 수국이 한창 탐스럽게 피어 둥근 얼굴을 대문 쪽으로 내밀고 있던 날이었다. 뜬금없이 수국이 예쁘게 피었다고 했다. "그래, 수국 보러 가꾸마." 어머니는 나직이 위로의 말을 했다. 수국이 시들어 갈 무렵 어머니가 대문으로 쑥 들어 오셨다. 어머니는 오자마자 이불이며 명주 옷가지, 그리고 책들을 꺼내 거풍을 시켰다. 물기 머금었던 내 마음도 꾸덕꾸덕 말라 통근길이 즐거웠다. 그리고 거리의 플라타너스 잎이 다 떨어져 가던 겨울의 초입에 아버지가 서울 일을 청산하고 다시 신발회사로 돌아왔다. 고맙게도 회사에서 끈질기게 아버지를 설득한 덕분이었다. 우리 식구는 다시 뭉쳤다.

얼마 전, 어머니 제삿날이었다. "어머니, 장맛비가 오락

가락하는 이맘때가 되면 마당의 수국이 활짝 피어났지요."

동생이 제문을 읽을 때 그만 울고 말았다. 수국이 활짝 핀 그 여름, 나는 외로웠고 덩그런 집에 남은 우리 네 남매가 안쓰러웠다.

올핸 마른장마다. 봄부터 비가 내리지 않아 곳곳에 갈라진 저수지 바닥을 보니 내 마음도 메마르고 팍팍하다. 계속되는 비로 남강에 붉덩물이 거세게 흐르던 그 여름, 부모의 부재로 마음 둘 곳이 없던 우리는 자주 감자전도 부쳐 먹고 수제비도 끓였다. 온 집안에 쿼쿼하게 물비린내가 나던 그 때가 새삼 그립다. '후드득후드득' 빗소리가 들리기를 고대해 본다. 비가 내리면 부추김치전을 부쳐야겠다.

히브리 노예들의 합창

남성합창단의 연주가 끝났다. 손바닥이 얼얼하도록 손뼉을 치고 '브라보' 소리까지 질렀다. 좀 지나치다 싶었는지 옆 좌석의 여자가 힐끗거리고 같이 간 친구가 의외라는 표정으로 나를 뚫어지게 보았다. 박수에 인색하다고 평소에 지청구를 듣던 터라 그녀의 표정이 조금 복잡하게 얽혀드는 것을 보고 귀에다 바짝 입을 갖다 댔다. 남성의 울림통이 얼마나 근사하냐고.

미리 받아 본 시립합창단의 봄 연주 프로그램에는 「두 대의 피아노와 남성 합창을 위한 '예술가에 부쳐'」라는 곡이 눈에 확 들어왔다. 한 번도 들어본 적이 없는 리스트의 곡이었다. 프란츠 리스트는 수많은 피아노곡을 작곡한 천재 음악가다. 그가 남성 합창을 위한 작곡을 했다니 괜히 흥분이 되어 제목 아래 빨간 줄을 죽 긋고 연주회 날을 기다렸다.

「두 대의 피아노와 남성 합창을 위한 '예술가에 부쳐'」는 우리나라에서 초연되는 곡이라 무한한 상상을 펼치게 했다. 두 대의 피아노가 서로 화답하며 곡을 끌어가고 남성의 매력적인 성부인 테너와 바리톤 그리고 베이스가 서로 주고받는 소리는 역동성 있는 무대를 만들어갔다. "마법의 거룩한 시들은 조용하게 크나큰 조화의 바다로 이끈다." 그 노랫말처럼 무대는 고요하나 소리는 광활한 바다로 출렁댔다. 그런 풍성한 연주를 듣고 손바닥이 아프도록 흔흔한 박수를 보내지 않는다면 예의에 벗어나는 일이 아닌가.

여고 2년 동안 합창반을 했었다. 친구가 실기 심사를 받는다기에 호기심에 따라갔다가 "좋아 합격!" 하는 선생님의 굵직한 음성에 끌려 합창반이 되었다. 제일 낮은 성부인 알토를 지망하는 사람이 없어 고심하던 선생님께서 피아노의 건반을 점점 내려치는데 의외로 낮은 음이 술술 나왔다. 그게 화근이 되었다.

대회가 다가오면 소프라노는 주된 멜로디를 끌어나가야 하기 때문에 친구는 연습에 연습을 거듭하고 날계란까지 먹었다. 나는 그런 노력이 필요 없었다. 특히 여성 4부 합창일 경우엔 노래가 끝날 때까지 베이스음만 몇 번 깔아주면 그만이었다. 헨델의 「할렐루야」를 부를 때는 "주의 주 - 또

왕의 왕 -.” 이 악절을 몇 번 하고 나면 곡이 끝났다. 맥 빠지는 일은 그뿐이 아니었다. 소프라노나 메조소프라노의 화려한 음색을 잘 듣고 있다가 내 파트가 되면 제때 맞추어 소리가 나와야 화음의 밸런스가 맞는데 그걸 놓치고 선생님께 꾸중을 듣곤 했다.

합창연습을 하는 것도 유쾌한 일이 아니었지만 무대 위에 올라가는 일은 더욱 곤혹스러웠다. 남 앞에만 서면 고개가 저절로 꺾이는 내가 무대 위에서 노래를 부른다는 것은 애당초 천부당만부당한 일이었다. 사실 사십여 명의 단원 중 내 자리는 제일 뒷줄이라 앞에 있는 관중은 보이지 않는데도 어깨가 움츠러들었다.

합창반을 하는 동안 환청에 시달렸다. ‘못난이, 빙충이’ 내 뒤통수에다 바늘 꽂는 듯한 소리에 놀라곤 했다. 그건 외모 콤플렉스와 함께 나를 대인 기피증으로 몰아갔다. 무대 위에서도 옹졸한 행동을 여지없이 드러냈다. 항상 고개를 숙였고 입도 제대로 벌리지 못했다.

2학년이 되고 1학년 신입단원이 들어올 때 그만둘 수도 있었다. 낮은 성부를 맡은 아이들이 슬금슬금 연습시간에 참여하지 않더니 결국 탈퇴하는 경우도 있었다. 낮은 성부에는 단원이 부족했기 때문에 나까지 그럴 수 없었다. 내가 빠진다고 합창반이 해체되는 것도 아닌데 쓸데없는 걱정으로 괴로운 시간을 이어갔다.

대회만 나간다면 그럭저럭 버티어 낼 수 있겠는데 교내 행사에 합창 공연은 빠지지 않았다. 하긴 학생들이 보여줄 게 무에 그리 많았으랴. 전국을 휩쓸며 독창대회에서 상을 받던 선배 언니의 공연과 몇 사람의 악기 연주가 끝나면 마무리는 꼭 합창이었다. 두어 번 꾀병을 부려 양호실에 누워 공연에 참여하지 않았다. 사실, 무대에 오르고 난 후엔 몸살을 했다.

제 서슬에 생채기를 내어 시름시름 앓던 가을밤이었다. 교회에서 성가대를 하는 소프라노 파트의 친구가 내 손을 끌었다. 전국의 내로라하는 합창단들이 큰 교회에서 경연을 한다고 했다. 별로 내키지 않았지만 끌려가다시피 따라갔다.

그날 밤, 남성합창단이 부른 「히브리 노예들의 합창」은 나를 완전히 바꾸어 버렸다. 교회의 높은 천장을 돌아 둥근 창문을 흔들고 다시 마룻바닥을 떨게 한 남성합창단의 볼륨감 넘치는 울림은 내 몸을 저릿저릿 아프게 했다. 가슴 밑바닥에서 차오르는 슬픔으로 눈물을 흘렸다. 그 곡은 내 설움의 뿌리를 통째로 건드리고 말았던 것이다. “내 마음아 금빛 날개를 타고 멀리 날아보라.” 히브리 노예들처럼 날개를 달고 현실을 떠나 멀리 날고 싶었다. 하루하루 지쳐가는 내 처지가 가여워 금빛 날개가 필요했다. 히브리 노예들이 자유를 갈구하며 고향인 예루살렘으로 날아가고자 하는 그

슬픈 노래가 왜 나에게 위로가 되었는지 알 수 없었다.

음악 선생님께 부탁하여 베르디의 오페라 「나부코」 음반을 빌려 친구네 새로 산 전축에 걸어 두고 거의 매일 들었다. 학교가 파하면 이 곡을 듣고서야 집으로 갔다. 베르디의 오페라 나부코 중 3막에 나오는 「히브리 노예들의 합창」을 들으면 애절함을 넘어 사무치는 그리움까지 전염이 되는 듯했다. 고등학생이 된 후 처음으로 평온함을 느꼈다. 그 곡을 듣고 있으면 내 몸은 깃털처럼 가벼워 소리의 결을 따라 어디든 날아갈 수 있었다.

합창은 자기를 죽이고 상대를 살리는 일이라고 선생님은 늘 강조하셨다. 자신의 소리는 물론 다른 사람의 소리를 잘 들을 줄 알아야 조화로운 곡이 된다고 수시로 하신 말씀을 무시했었다. 무지함의 소치였다. 내 소리가 마음에 들지 않는다고 입만 벙긋거린 것을 후회하고 또 후회했다. 합창반으로서 마지막 연주가 된 무대에서 처음으로 목을 빼고 지휘봉을 바라보았다. 선생님과 눈도 마주쳤다. 내 소리는 물론 남의 소리도 귀를 활짝 열고 들었다. 아, 그 미묘한 화음. 남성합창단이 교회의 천장을 휘감아 울리던 바로 그 소리였다.

아무도 내게 '너는 못난이'라고 손가락질을 하지 않았는데 내 이름이 처음부터 '못난이'인 줄 알고 살았다. "알토로는 네 목소리가 딱 어울려." "음이 낮을수록 하나님과 가까이 가는 소리야." 그런 칭찬의 말이 다 거짓인 줄 알았다. 내 안에 깊숙이 자리한 아둔한 성향이 합창을 하면서 드러나게 될 줄이야.

「나부코」 음반을 돌려주러 간 날, 선생님과 함께 합창공연을 보러갔다. 돌아오는 밤길은 그림자가 선명했다. 선생님께선 열엿새 달이 보름달보다 더 밝은 법이라고 웃으며 달을 가리키셨다. 내 안의 욕심을 드러낼 수 없었기에 허기가 졌던 합창반 시절은 그렇게 끝이 났다.

합창은 삶의 모습과 닮아 있다. 다른 사람의 소리를 세심하게 들어주는 여유와 배려, 그건 우리의 모습이기도 하니까. 나를 살짝만 죽여주면 상대방이 분연히 살아 움직여 세상을 구하는 것이 합창이고 그 또한 우리네 삶이다. 서로를 보듬어 주듯 아우르는 맛이 있는 합창곡을 좋아한다. 그것도 남성합창의 풍부한 울림이 있는 연주회를 목마르게 기다린다.

전설의 남성합창단인 돈 코사크 합창단의 내한 공연을 보면서 아카펠라로 뿜어내는 그로테스크한 창법에 홀려 목이 메었다. 낮은 소리는 장대하고 고음은 비 갠 하늘처럼 영롱했다. 그들은 앙코르 곡으로 「선구자」를 불렀다. 옛날과 달리 남의 소리를 듣는 데 능숙한 나도 기립박수를 보냈다.

"내 마음아 금빛 날개를 타고 멀리 날아보라." 지금도 그 첫 소절만 나오면 쿵 소리가 나도록 가슴이 내려앉는다.

대칭을 위하여

'대칭'이란 수학용어를 좋아한다. 그 속엔 '참이요, 진리요, 아름다움이다.'라는 의미의 숨은 그림이 들어있다. 가끔 대칭이란 단어가 잘 다듬어진 시의 언어처럼 느껴진다. 나비의 날갯짓이 눈부시게 아름다운 것은 양 날개가 대칭이기에 가능하다. 다보탑이나 석가탑이 최고의 조형물로 만인의 시선을 끄는 것은 좌우대칭이 절묘하기 때문이다.

하나의 점과 선, 평면을 사이에 두고 같은 거리에서 같은 모양으로 마주 본다는 것, 즉 대칭은 완벽함이다. 수학에서 숫자를 나열하지 않는 도형 공부는 흥미를 끌었다. 가르치는 입장에 있을 때도 이 단원은 자신감이 넘쳤다. 특히 대칭축을 중심으로 반으로 접으면 완전하게 포개어진다는 선대칭의 정의를 내릴 때는 괜스레 들뜨기도 했다.

여러 해, 어깨가 아파 병원을 다녔다. 주사나 약이 아무런 효과가 없자 초조함이 밀려왔다. 병이 길어지면서 여러 방법들이 동원되고 귀가 얇아져 아무 곳에나 기대게 되었다. 자포자기의 심정으로 교정전문가를 찾아갔다. 그는 내 몸 전체가 비틀어졌다고 했다. 즉 심한 비대칭이라고 잘라 말했다.

사람의 몸은 절대적 대칭이 아니다. 태어날 때부터 약간은 비대칭적인 대칭이다. 다만 그 차이가 눈으로 가늠할 수 없을 정도라는 것쯤은 나도 알고 있다. 그런데 내 몸은 그 정도가 심해 금방 보인다고 했다. 비대칭으로 인해 어깨와 엉덩이, 다리도 아픈 것이라고 병의 원인을 명쾌하게 찾아주었다. '비'非라는 접두사가 꺼끌꺼끌한 마른 풀처럼 마음에 걸리긴 했다. 어떤 말의 머리에 붙어 잘못되다, 아니다 같은 부정의 뜻을 강하게 내포하고 있기에 그 말을 듣는 순간 '쿵'하고 무거운 돌덩이가 발등을 찧는 느낌이었다. 그렇다면 비대칭인 내 몸매는 진리에서 한참 멀어진 것이다. 참이 아니라 거짓이고 아름다움을 거부하는 추함이고 어여쁨과는 거리가 먼 미움이라고 생각하니 가슴으로 쏴한 통증이 왔다.

집에 돌아와 거울을 보고 섰다. 처음으로 몸의 자세를 천천히 보았다. 그렇게 오래볼 필요도 없이 한눈에 들어왔다. 왼쪽 어깨가 오른쪽보다 확연히 솟아있다. 엉덩이뼈도 역시 왼쪽이 도드라지게 삐뚜름하다. 얼굴도 마찬가지다. 한쪽 귀가 더 크고 눈도 오른쪽이 비죽이 올라갔다. 팔도 한쪽이 길다. 목은 가는데 비대칭인 안면과 어깨 때문에 기형처럼 보였다.

다리는 한쪽이 눈에 띄지 않게 짧아서 신발 뒤축이 오른쪽만 심하게 닳는다. 그런 조짐은 벌써부터 나타났었다. 그래도 큰 불편이 없으니 대수롭지 않게 여기고 그럭저럭 살아왔는데 드디어 온몸에서 신호를 보냈다. 제발 균형 좀 잡아달라고, 당신의 몸을 정신 좀 차리고 봐 달라고 아우성인데도 덤덤하게 지내오다 직격탄을 맞은 것이다.

나는 강强 오른손잡이다. 왼손으로 무거운 물건은 들어본 적이 없다. 묵묵히 보조 역할만 했을 뿐이다. 모든 것을 오른쪽이 도맡아 하다 보니 쏠림 현상이 심해지고 왼쪽은 퇴화가 진행되었다. 제 역할을 충분히 할 수 없었으니 균형이 깨어진 것은 마땅한 일이다. 몸은 주인을 잘못 만나 헐렁헐렁하게 얼치기로 살다보니 비대칭이 되고 말았다. 그런 줄도 모르고 한 직선을 축으로 완벽하게 포개어지는 대칭에 대해 정의하고 흥분해서 가르쳤다.

한때, 꽤 균형 잡힌 몸매를 자랑했었다. 초등학교 때는 줄곧 반대표 달리기 선수였다. 철봉을 휙휙 돌며 친구들 앞에서 묘기 수준을 보였고 뜀틀을 넘을 때는 아이들이 감탄사를 연발했다. 고등학교 때 반 대항 체육대회에선 농구선

수가 되어 맹활약을 했다. 그땐 뛰고 구르며, 달리는 일에 자신이 넘쳤다. 그러니까 십대를 마감한 딱 그때까지였다.

초 천재적인 수학자 갈루아는 열일곱 살에 대칭을 발견하였다. 내가 2차방정식을 푼다고 끙끙대고 있을 나이에 천재 갈루아는 5차방정식은 왜 대수적 공식으로 풀 수 없는지를 연구하다가 대칭이론을 발견했다. 대칭을 발견함으로써 모든 학문이 수학으로 수렴되는 엄청난 혁명을 이룬 사람이다. 그러나 그는 대칭이라는 자기 닮음을 찾아내고 스물한 살에 요절을 했다. 스물한 살, 남녀 모두 자기와 닮은 짝을 찾기에 골몰할 나이이다. 이십대 이후 자기 닮음을 거부한 채 살았다. 여러 사람과 찍은 사진 속의 나는 항상 머리가 오른쪽으로 기울어져 있어 그것을 증명하고 있다.

내 몸에 장애가 심해지도록 균형을 잡지 못하고 헐겁게 살다 이제야 그 값을 톡톡히 치르고 있다. 신경외과와 정형외과, 한의원은 물론 통증의학과까지 두루 거치면서 자괴감에 빠졌었는데 그 원인이 몸의 비대칭이라고 한다.

몸이 대칭적인 사람일수록 질병을 물리칠 수 있는 능력이 뛰어나다고 한다. 평균적으로 더 좋은 유전자를 가지고 있다는 뜻이다. 대칭의 젖무덤을 가진 여자가 짝젖을 가진 여자보다 아이를 잘 낳는다는 연구 결과가 보고되었다. 그래서일까 사람들은 배우자를 고를 때 얼굴과 몸이 얼마나 대칭적인지를 무의식적으로 계산하며 민감하게 반응하기도 한단다.

대칭이 과학적이며 이상적인 것은 분명하지만 완전한 대칭구조란 없다. 인간의 90%는 오른손잡이여서 왼쪽 뇌가 오른쪽보다 훨씬 발달되어 있다. 대칭이 과학의 조합이라면 비대칭은 예술의 조화다. 비대칭이 만들어낸 우리나라 조각보는 이상적인 예술품이다. 예술가들은 대칭이란 틀을 깨고 온갖 창조성을 끄집어내고자 애쓴다. 갈루아가 발견한 대칭이론도 4차원을 넘어 몇백 차원까지 나온다고 한다. 그건 추상을 넘어선 추상이다. 대칭의 세계 또한 비대칭처럼 무한한 발견이 가능하다.

대칭에 익숙해져 있는 사람들의 눈에 나는 기형적인 인간이다. 그러나 어찌하랴. 차라리 몸매가 조금 대칭에서 어긋나는 것은 용서할 수 있다. 문제는 마음이다. 나도 타인도 의식하지 못하는 가운데 언제나 마음은 대칭을 벗어나려고 민감하게 반응을 한다. 그걸 다스릴 때가 된 것이다. 외부의 모든 불균형을 내부의 균형으로 극복할 수 있을지 모르니까. 이제 바깥 살림보다 안살림을 해야겠는데, 그게 또 낯설고 낯선 세계이다. 삶이란 흔들리며 가는 것이라는 말에 위안을 삼는다. 어떤 의미로 나의 비대칭은 누군가의 비대칭과 만나 대칭을 이룰지도 모른다.

토마토 그 짭짤한 레시피

토마토를 출고한다는 문자를 받고 농장의 홈페이지로 들어갔다. 겨울을 난 짭짤이 토마토는 그 맛이 일품이다. 부드럽게 녹아드는 약간의 짠맛이 입맛을 확 끌어당긴다. 여러 해째 단골 농장은 토마토를 수확하는 첫날, 어김없이 달달한 소식을 날린다.

유기농 짭짤이 토마토 한 상자가 생각보다 비싼 가격이었다. 한참을 망설였다. 토마토를 별로 좋아하지 않는 남편도 이것만큼은 오독오독한 맛이 난다고 접시를 말끔하게 비우곤 했다. 나 또한 탱글탱글한 육질에 반한 것은 마찬가지다. 그 간간짭짤한 맛을 입이 아니라 머리로 그리는데도 어느새 익숙하다.

우물쭈물하고 있는 사이에 농장주 아들의 생일 기념으로

완숙 토마토를 특별가로 올렸다. 짭짤이에 비하면 값이 싸서 거저 가지는 기분이었다. 두 돌잡이의 얼굴이 화면에 떴는데 오동통하고 볼그레한 볼이 바로 토마토였다. 생일을 축하하는 마음으로 마우스를 끌어다 꾹 눌렀다. 완숙 토마토 두 상자가 내게 뚝딱 떨어졌다. 또 짭짤이 토마토는 다른 사람이 맛보도록 선물용으로 두 상자를 힘껏 눌렀다.

친척언니의 신접살림을 구경하고 온 어머니는 "살림살이가 어찌나 짭찔맞은지, 아이고 너거 언니는 재주가 참 용하제." 몇 번이고 그 짭짤함을 강조하셨다. 그리고 언니가 차려내온 밥상도 아주 정갈스러웠다며 손끝마저도 짭찔맞다고 했다. 넘치지도 모자라지도 않는 야물고 옹골찬 살림과 함께 밥상도 그랬다는 뜻이었다. 그러면서 무엇이든 얼렁뚱땅 해치우는 짭짤찮은, 혼기가 꽉 찬 딸을 걱정스럽게 바라보았었다.

완숙 토마토 두 상자가 도착하자마자 대부분의 시간을 부엌에서 보냈다. "네 음식 솜씨가 그만하면 짭찔맞구나." 살아 계셨더라면 어머니의 이런 칭찬이 듣고 싶어 '빨간 토마토 레시피'라는 요리책도 함께 구입을 했다.

제대로 익은 토마토는 육감적인 모양새와 함께 싱싱함이 넘쳐 무슨 음식을 해도 제맛을 그대로 살렸다. 주스는 기본이고 삶고 찌고 굽는 일로 분주했다. 햇양파와 부추, 신선한 들기름을 넣어 샐러드를 만들었다. 샌드위치에도 토마토는 빠질 수 없었다. 올리브를 둘러 오븐에 살짝 굽거나 치킨이나 소고기와 함께 어울려 내는 맛도 그만이었다. 해산물을 넣은 토마토스튜에도 빠질 수 없었다. 그라탱이나 피자 위에서도 컬러풀한 기운을 숨김없이 드러냈다.

풍부한 일조량을 받아 질펀한 빨강을 과시하는 토마토는 얼치기 살림꾼에게 짭짤한 재미를 가져다주었다. 슈퍼푸드의 대명사로 온 세상에 알려졌으니 식구들의 건강을 챙기는 꽤 괜찮은 주부로 보이기에도 안성맞춤이었다.

완숙토마토에 푹 빠져 외출도 뜸한데 친구에게서 전화가 왔다. 지난번 만났을 때 스페인 여행을 계획 중이라고 귀띔을 했었다. 그런데 세계적인 토마토 축제인 스페인의 '라 토마티나' 축제에 맞춰 팔월에 같이 떠나자고 했다. '라 토마티나' 축제는 120여 년을 이어온 스페인의 대표적인 축제다. 수천 명의 인파가 수백만 개의 토마토를 터트리는 그야말로 빨강이 폭발하는 축제다. 토마토를 던지고 맞는 광경이 거의 전투에 가깝다. 왜, 무엇 때문에 그 싸움판에 가느냐고 따지려다가 그만두었다.

내가 동네 축제에도 무관심한 사람이라는 것을 모르는 그녀에게 '무엇 때문에' 같은 질문은 불필요했다. 사람이 많이 모이는 곳은 일부러 피해 다니고 어깨 들썩이는 가무 현장도 맥쩍어서 싫어하는 성격이다. 흥겨운 자리도 내가 끼이면 단번에 분위기가 가라앉는다. 태생이 그러한데 축제라니 그것도 스페인까지나. 나 홀로 축제에 빠져 입과 눈, 마음도 한껏 고무되어 '라 토마티나' 같은 세계적인 축제도 시답지않게 들렸다.

토마토가 거의 바닥을 보이자 스페인식 스프를 끓였다. 내 축제의 초대 손님을 위해서다. 약간의 우울증이 찾아와 칩거 중인 인생 선배를 간곡한 뜻을 담아 초대를 했다. 된장이며 고추장 담는 법을 전수해 주었고 이해와 관용의 폭을 넓히는 기술도 그녀를 통해 배웠다. 깊고 원만한 관계 맺기에 달인이었는데 노인이 되어가는 과정이 서러워 마음병을 얻었다. 하나씩 내려놓고 보니 살아가는 일이 새벽꿈과 같이 덧없이 느껴졌단다. 겁먹고 자신감을 잃어 세상살이마저 시들해졌단다. 그 마음 어렴풋이 알 것 같았다.

토마토 수프 한 그릇으로 공허감을 달래주고 싶었다. '빨간 토마토 레시피'의 스페인식 수프는 토마토에 여러 가지 야채를 넣은 차가운 음식이지만 나는 뜨겁게 끓였다. 토마토와 야채를 곱게 갈아 우유를 한 컵 넣고 끓이다 소금과 후추로 간을 맞추었다. 선배는 뜨끈한 끈기가 온몸을 감싸 탄성이 생긴다며 얼굴을 붉혔다. 새빨간 수프를 나누어 먹은 공감의 연대를 형성했으니 축제는 성공적이었다. '라 토마티나' 같은 빨강이 폭발하는 축제가 아니라 그 빨강을 가만가만 어루만지고 달래고 가라앉히는 내 축제도 수프를 끝으로 막을 내렸다.

오랜만에 농장 홈페이지로 들어가 본다. 아하, 끝물 짭짤이 토마토가 값이 확 내렸다. 얼른 한 상자를 찜한다. 여름을 맞이하려면 이 찰토마토를 좀 먹어줘야 할 것 같다. 완숙토마토와 달리 생으로 먹는 그 맛을 즐기고 싶다.

일찍부터 영토를 넓히고자 애쓴 스페인은 호전적인 나라다. 건강과 장수를 의미하는 토마토는 스페인 요리에서는 빼놓을 수 없다. 스페인에서 토마토 요리의 진수를 맛보고 나면 푸드득 솟구쳐 올라 식어가던 심장이 다시 뜨거워지지 않을까. 빨갛게 혹은 간간짭짤하게 그렇게.

구빙담 커피

일본영화 오기가미 나오코 감독의 〈카모메 식당〉은 느림의 삶을 보여주는 영화다. 주인공 사치에는 갈매기 도시 헬싱키에 일본식당을 연다. 그러나 한 달째 아무도 찾아오지 않는다. 드디어 첫 손님이 찾아와 커피를 주문하고 또 한참을 지나 한 남자가 온다. 그 남자는 사치에에게 맛있게 커피 내리는 법을 알려준다. 커피가루가 담긴 그리퍼의 가운데를 검지로 살짝 누르며 '커피 루왁' 하고 짧게 주문을 외고 물을 부어내린다. 달라진 것은 아무것도 없는데 손님들은 맛있는 커피를 마시고 표정이 밝아진다. '커피 루왁' 그 주문은 바로 사치에의 마음이었다.

구빙담이 드디어 문을 열었다. 간판이 걸리고 밤이면 네온등을 밝혀 주위의 관심을 끌어온 지 꼭 여덟 달 만이다.

커피 잔과 물고기가 그려진 '커피 볶는 집'이라는 간판을 보고 곧 문을 열려는가 보다 했다. 그러나 길가에 낙엽이 수북이 쌓이고 겨울이 와도 잠잠했다. 산책길에 들여다보니 대형 커피 볶는 기계가 한 자리를 차지하고 있어 크리스마스쯤이면 신선한 커피콩을 살 수 있으리라 기대했다. 그런데 해가 바뀌고 벚꽃이 흐드러지게 날려도 탁자와 의자에 비닐커버가 그대로 씌워져 있었다.

하루는 집으로 돌아오는 길에 일부러 차를 세우고 안을 살펴보았다. 장삼자락을 휘날리는 스님의 진두지휘 아래 인부들이 실내장식을 하고 있었다. 마지막 공사를 하는 듯했다. 웬 스님이 저런 공사를 할까 의아해하면서, 늦어도 모란이 필 때쯤이면 그곳에서 커피를 마실 수 있을 것이라 내심 기대를 했다. 그런데 가게 문은 또 굳게 닫혀버렸다. 유리문에 쓰인 형이상학적인 문구만 선명했다. 창 너머로 보니 여러 나라의 커피 잔과 각종 앤티크 커피밀이 벽을 가득 메우고 있었다. 아파트 담의 줄장미도 피었다 지고 장마가 시작되었다. 비가 종일 추적대는 어스름 저녁, 불빛이 환한 커피 집으로 사람들이 드나드는 것을 발견하고 반가운 마음에 얼른 문을 밀고 들어갔다.

구빙담은 우리 동네서 얼마 떨어지지 않은 사일마을 달성 서씨 종가 솟을대문 앞에 있는 연못이다. 그곳은 내가 존경하는 시인 서 선생님 댁이다. 종가의 8대 종손이신 선생님은 평생 종택을 지키다 9년 전 돌아가셨다. 오래전 서씨 집안 후손이 엄동설한에 이 연못에서 잉어를 구해 어머니 병환을 고쳤다 하여 구빙담求氷潭이라 불린다고 한다. 서 선생님은 연꽃이 만개한 어느 여름 날 내게 그 전설을 들려주셨다. 선생님 댁 구빙담이 왜 한길 가로 나와 커피집이 되었는지 궁금했다. 간판에서 유영하는 물고기 한 마리는 그 잉어가 분명했다.

물고기들이 헤엄치는 넓은 연못을 상상하며 가게로 들어섰지만 가게 안은 생각보다 좁고 복잡했다. 더구나 벽 전체를 현란한 그림의 커피 잔이 빈틈없이 메우고 있어 여유가 없어 보였다. 여백의 미가 빠져버린 공간에선 커피 맛을 제대로 즐길 수 없었다. 무엇보다 구빙담 커피에서 돌아가신 서 선생님의 선비다운 꼿꼿함과 함께 온후한 품성을 느끼려 했는데 그런 분위기는 아니었다.

선생님 생전에 고택은 멋진 찻집이었다. 사랑채 마당의 백 년 묵은 매화나무에 꽃이 피면 기별이 왔다. 매화 향기를 마시러 오라고. 그뿐 아니라 모란이 붉게 피었다고 불렀고, 연꽃이 피는 여름이면 아예 솟을대문 앞에서 목을 빼고 우릴 맞이하셨다. 겨울밤에 별이 무리지어 마당에 내려앉는다고 해서 바람을 가르고 달려갔었다. 그때마다 선생님은 맑은 차를 우려내어 정성껏 따라주셨다.

장마가 길어지고 있는 동안 가끔 구빙담에 들러 커피를

마신다. 맛이 그렇게 달라지지 않는다. 내 입맛에 맞지 않으면 어떠랴. 모든 일에는 기다림이란 것이 있다. 카모메 식당 주인 사치에는 손님이라곤 한 사람도 찾아오지 않는데 아침마다 꿋꿋하게 음식 준비를 한다. 그러다 하나둘씩 사람들이 모여들고 모든 메뉴들은 인기를 끌게 된다. 좀 느리게 사는 것도 괜찮다. 숙성이든 숙련이든 시간이 해결해준다. 물고기 간판을 내걸고 팔 개월이 지나서 문을 열었다. 준비 과정이 길었던 만큼 커피 맛도 시간이 지나야 깊이를 더할 것이다. 이백 년을 훨씬 넘긴 고택도 건재하고 백 년 묵은 매화나무도 해마다 꽃을 피우는데 기다림이란 축복이다.

구빙담에는 공사 때부터 보이던 스님이 자주 와 계신다. 내 예감이 맞다면 가게 주인이 분명하다. 때문에 서 선생님과의 관계도 묻지 못하고 망설이고 있다. 스님은 커피 잔을 기울이며 사람들과 이야기도 하고 혼자 커피를 내려 마시기도 한다. 스님과 커피는 어쩐지 어울리지 않는다. 마음의 평정을 찾기 위해 공부하는 스님과 각성 음료인 커피는 어떤 관계일까. 세월이 바뀌면 관념이나 소통의 방식도 달라지기 마련이다. 그런데 스님을 자세히 보니 커피를 내리기 전 잠깐 합장을 하는 것이 아닌가. 분명 진언도 함께했을 것이다. '관세음보살'인지 '나무아미타불'인지 알 수 없지만. 스님의 마음이 담긴 커피는 선방에 부는 청량한 바람 같은 맛일까.

서 선생님이 돌아가신 건 유월의 마지막 날이었다. 초여름, 병실을 찾았을 때 움푹 들어간 볼과 야윈 몸에 눈빛만은 형형했다.

"배 선생, 구빙담에 연꽃 피면 연차 마시러 꼭 오너래이. 향기가 얼매나 좋은데."

내 손을 잡으며 한 마지막 말씀이었다. 선생님은 집으로 오시지 못하고 향기로운 연차도 나누어 마시지 못하고 떠나셨다. 연꽃 봉오리가 막 올라올 무렵이었다.

지금 시원한 연차를 마시기에 딱 좋은 계절이다. 그러나 나는 구빙담 의자에 앉아 연차가 아닌 커피를 마주하고 있다. '관세음보살' 돌아가신 서 선생님을 위해 진언을 하고 천천히 커피를 마신다. 커피 맛이 한 달 전과는 확연히 다르다. 시원하고 깔끔하게 입안을 맴돈다. 마치 연차를 마실 때처럼.

내게 커피를 내려준 젊은 남자는 주문을 외웠을 것이다. '커피 루왁'이면 어떻고 '관세음보살'이면 또 어떠랴. 마음을 담은 커피임에 틀림없다.

3부

물외냉국

바구니에 담긴 늦사리 물외 몇 개가 눈길을 끌었습니다. 등 굽은 모습이 애잔합니다.

"지도 사는 게 몸에 부쳤는지 이 할망구처럼 등이 꾸부러졌구만."

난전의 할머니는 여위고 볼품없는 상품을 파는 것이 미안했는지 한마디하십니다. 초여름, 미끈하고 통실한 오사리 물외를 팔 때는 아마 굽었던 허리도 쫙 펴지는 기분이었을 테지요.

철지나 핀 노란 외꽃은 쭈뼛쭈뼛 얼마나 망설였을까요. 제 껍질을 부서뜨리고 힘겹게 꽃을 밀어 올리고 보니 태양은 한풀 꺾였고 밤바람은 찬 기운을 뿜어냈으니 말입니다. 그래도 열매를 달 욕심으로 몸을 불뚝 내밀고 보니 홀로 키워내기가 만만치 않았을 것입니다.

철봉에 거꾸로 매달려 본 나는 압니다. 그럼 알다마다요. 가느다란 다리로 버티는 일이 얼마나 힘겨운지를 말입니다. 태생이 부실한 끝물 물외는 짙푸른 철봉에 매달려 단물을 들이기 위해 안간힘을 썼을 것입니다. 자라는 동안 바람도 한 삼태기 포기 사이로 지나가 주기를, 비님도 자주 다녀가기를 바라며 꿋꿋하게 제 몸을 키웠을 테지요.

밥줄을 붙잡고 사는 우리 모두는 알고 있습니다. 내가 잡은 줄이 동아줄처럼 튼튼하기를 말입니다. 힘껏 붙잡고서 절대 떨어지지 않기를 바라고 또 바랍니다. 그 시간을 견디느라 화도 내고 다툼도 있지만 어느새 수굿해져 자신을 돌아보게 합니다. 물외처럼 홀로 매달리는 일은 제 속을 노글노글 부드럽게 하여 성숙에 이르는 길입니다.

매달리는 것들은 꼭지부분이 약이 올라 짙은 색을 띱니다. 맛도 농후하지요. 고추는 꼭지 쪽이 유독 맵습니다. 반질거리는 보라색 가지도 윗부분은 진하고 단단하여 뚝 떼어 내고 요리를 합니다. 애호박도 꼭지는 솥뚜껑 팬에 기름 두르는 용도로 요긴하게 쓰입니다. 꼭지 떨어져 땅 위를 구르지 않으려고 애쓴 흔적입니다. 그러니 늦사리 물외가 등이 좀 굽었기로 뭐 그리 대수겠어요.

물외의 껍질을 벗깁니다. 겉모습과 달리 하얀 속살이 부드럽습니다. 맛도 달큼합니다. 야멸치게 더웠던 지난여름을 아쉬워하며 냉국을 만듭니다. 청량고추도 다져 넣습니다. 쓴맛의 꼭지 부분을 버리지 않고 곱게 채를 쳐서 함께 넣습니다. 그 맛이야말로 늦사리 물외의 존재 증명이니까요.

물외냉국을 한 그릇 마시고 물외한인物外閑人으로 유유자적 살아보는 것도 괜찮을 것 같습니다. 매달리지 않으니 떨어질 염려도 없겠지요.

커피 바이러스

독일의 라이프치히에 있는 '카페바움'은 카페이자 커피 박물관입니다. 300년의 유구한 역사를 자랑하지요. 바흐나 슈만을 비롯한 많은 예술가들의 사교장이자 창작공간이었습니다.

장 폴 사르트르는 연인이었던 시몬느 드 보부아르와 함께 파리의 '카페 드 플로르'의 담배연기 속에서 글을 썼습니다. 생텍쥐페리, 헤밍웨이, 피카소도 이곳의 단골손님이었습니다. 조앤 K.롤링은 에든버러의 여러 카페를 전전하면서 『해리포터』 시리즈를 썼습니다. 유럽에서 수많은 예술가가 탄생한 것은 일찍이 발달한 카페문화 때문입니다. 카페는 예술인들에게 수많은 영감을 제공했고 사교와 담론의 공간이었습니다.

우리 동네에도 커피 전문점이 빼곡합니다. 늦은 오후 시간, 크레마가 풍부한 에스프레소를 마시며 카페를 가득 메운 사람들을 탐색합니다. 비즈니스로 혹은 연인이나 친구를 만나러 온 사람들입니다. 갈 곳 없는 청년 백수들도 보이네요. 유모차를 끌고 온 젊은 엄마들도 커피 잔을 앞에 두고 육아 정보를 나눕니다. 저쪽에선 노트북으로 열심히 작업을 하고 있네요.

사랑방을 잃은 이 시대의 남자들도 눈에 띕니다. 안주인의 눈치 같은 건 볼 필요 없이 시대를 논하던 남자들만의 공간인 사랑방을 잃어 버렸으니 갈 곳이 마땅찮아 찾아왔군요. 빨래터나 우물도 사라졌으니 여자들도 수다 떨 장소가 없습니다. 그녀들도 한쪽을 차지했군요. 시어머니와 남편의 흉을 보는지 까르르 웃다가 한 사람의 이야기에 경청도 합니다. 과외도 하고 있습니다. 긴 머리의 여자가 곱슬머리 흑인여성에게 책을 펴 놓고 열심히 한글을 가르칩니다.

카페는 일터이고 놀이터이고 혼자만의 공간이기도 합니다. 가장 편안하게 인간관계를 맺을 수 있는 부담 없는 장소입니다. 때문에 불황 속에서도 작은 동네의 골목까지 온갖 브랜드의 커피 전문점이 진출을 했나 봅니다. 소형 울트라북을 끼고 카페로 출근하는 코피스(커피+오피스)족이 늘고 있습니다. 알 수 없는 일이지요. 우리 동네 카페에서 바흐의 「커피 칸타타」 같은 멋진 곡이 나올지, 생텍쥐페리의 「야간비행」에 버금가는 명작이 나올지 말입니다.

주안상을 마주하고 시도 짓고 글도 쓰고 그림도 그리는 문화와 예술의 산실이 사랑방이었습니다. 빨래터는 아낙네들의 맺힌 응어리를 비비고 두드려 흐르는 물에 씻어내는 곳이었지요. 구석구석을 차지한 카페가 빨래터나 사랑방 역할을 하지 못한다면 하나 둘 사라지고 말 것입니다. 커피의 달콤씁쓸한 유혹만으로는 사람들을 붙잡지 못할 것입니다. 어둠이 내리자 커피 바이러스에 감염된 사람들이 카페의 불빛 아래로 모여듭니다.

진도아리랑

꺼이꺼이 목놓아 울던 어머니는 울음을 그치자 쉬지 않고 중얼거렸습니다. 그러다간 밖으로 나가 찻길로 뛰어들기도 했지요. 나는 그런 어머니를 지켜야 했습니다. 치맛자락을 꼭 붙들고 부들부들 떨었습니다. 다 키운 딸을 시퍼런 강물이 앗아간 이후 어머니는 반쯤 죽은 목숨이었습니다. 우리는 살기 위해 결국 고향을 떠나야 했습니다. 차를 타고 신작로를 달려 고향을 떠나올 때, 강 쪽을 보지 않으려고 모두들 고개를 돌렸습니다.

여러 날 불면에 시달렸습니다. 그러다 잠깐 잠이 들면 꿈을 꾸었지요. 잊고 있었던 언니의 얼굴이 선명하게 나타나더니 출렁출렁 물살이 이는 바다를 함께 헤엄쳤습니다. 누군가 낮게 읊조리듯 「진도아리랑」을 불렀습니다. 세마치장단에서 중모리로 넘어가면 물결이 내 몸을 거세게 휘감쳤습니다. 빠른 자진모리장단으로 넘어갈 때는 많은 아이들이 바다 위로 솟구쳐 올랐습니다. 우린 함께 후렴구를 불렀습니다. "아리 아리랑 스리 스리랑 아라리가 났네~." 그리고 파도에 휩싸여 밀려갔다가 또 다시 솟구치며 "아리랑 응응응 아라리가 났네~."를 끝없이 불렀지요. 잠에서 깨어나면 몸이 불덩이처럼 뜨거웠고 목이랑 얼굴까지 퉁퉁 부었습니다. 언니가 강물에 빨려 들어가듯 사라진 그 여름날이 생생하게 떠올랐습니다. 해열제나 진통제가 소용이 닿지 않았습니다.

"시퍼런 물이 싫다 싫어." 곡조까지 얹어 낮게 노래를 부르던 어머니의 목소리가 들리는 듯합니다. 영화 「서편제」에서 떠돌이 소리꾼 유봉과 그의 아들과 딸이 「진도아리랑」을 부르며 황톳길을 걸어가던 모습이 목울대를 뜨겁게 하여 가슴을 파고듭니다. 어머니의 장탄식처럼 말입니다. 그래서 「진도아리랑」을 종일 듣습니다. 진통제보다 효과가 있네요. 「진도아리랑」은 판소리의 구성진 목청이 어우러져 그 맛이 진득합니다. 슬플 때는 슬픔을 잊기 위해, 기쁠 때는 기쁨을 나누기 위해 아리랑을 불렀지요. 지금, 모질고 가혹한 현실이 또 다른 「진도아리랑」이 되어 꿈틀꿈틀 이 땅을 요동치게 합니다. "왜 왔던고 왜 왔던고, 울고나 갈 길을 왜 왔던고~." 겹겹이 쌓인 한을 안숙선 명창은 어찌 그리 구슬픈 소리로 승화시켜 내는지요. 육자배기 가락에 구성진 아리랑이 지금 진도 앞바다를 휘휘 휘감아 질펀하게 번져나고 있습니다.

"퍼런 물은 싫다 싫어." 어머니는 이 말끝에 중얼중얼 메나리조의 아리랑을 불렀습니다. 어쩌면 아리랑은 그렇게 자신을 달래고 또 가라앉혀 말갛게 잊어가는 노래이겠지요.

책 읽어주는 여자

책 읽어주는 여자 책비를 아세요. 개인이 책을 소장하기가 어려웠던 조선시대에 필사본 서너 권을 싸 들고 집집마다 찾아가 여인들에게 책을 읽어 주던 전문적인 직업여성입니다. 몰락한 양반가의 자녀들이 주로 이 일을 택했지요.

조선 후기, 영·정조 시대는 문예 부흥기였습니다. 사람들은 문화적 욕구가 넘쳤지요. 때마침 한글소설이 쏟아져 나왔고 책과 관련된 직업들이 생겨났습니다. 붉은 수염을 휘날리며 책 외판원으로 조선을 누볐던 책쾌 조생도 이 시대의 인물입니다. 필사쟁이가 등장하여 각종 소설들을 신속하게 베껴 썼지요. 아, 낭독의 달인 전기수도 빼놓을 수 없습니다. 글을 모르는 백성들은, 천민이나 노비까지도 문화적 충격을 주었던 인물입니다. 전기수傳奇叟는 사람이 모이는 곳이면 어디든지 달려가 흥미진진한 이야기로 관중을 쥐락펴락했습니다.

규중의 여인들도 문화 향유의 열망은 대단했습니다. 바깥세상과의 소통이 바로 소설이었습니다. 그 속에서 나와 다른 다양한 인물들의 삶을 바라볼 수 있으니까요. 책비는 서른여섯 가지의 목청을 달리해 가며 사람들을 울리고 웃기기도 했답니다. 규방이나 별당에 갇혀 지내던 여인들에게 다른 세상을 꿈꾸게 했지요. 안방에 앉아 눈을 화등잔처럼 크게 뜨고 경청하던 조선 여인들을 떠올리면 나도 책비가 되고 싶습니다. 서른여섯 가지의 목소리를 바꿔가며 책을 읽어 주노라면 그들은 여자라서 분노하고 또 애절초절했을 것입니다. 수건을 푹 적시거나 치마가 찌들도록 훔쳐낸 눈물 값도 분명 받았을 것입니다.

당시 책은 남자들의 전유물이었지요. 권력이 남자 중심으로 흐르는 시대에 그들은 입신양명을 위해 『논어』나 『맹자』를 읽으면서 여인들의 삶을 깡그리 무시했습니다. 그러나 소설의 시대가 열리면서 여인들도 책을 읽게 되었습니다. 식구들을 위해 희생을 강요당했던 여성들의 일상이 바뀌었습니다. 책에 푹 빠져들었지요. 패물을 팔고 머리채까지 팔아 책을 사서 읽었습니다. 책은 신세계였습니다. 세상이 일순 가까이 다가오기도 했지요. 너무 넓어 가늠할 수 없다가 아늑하게 좁아져 책 속으로 들어가고 싶어질 때도 있었을 것입니다. 책비는 그런 자유로운 신천지로 친절하게 안내를 했습니다.

요즈음 때아니게 보는 책이 아닌 듣는 책 시대가 열렸습니다. 나는 「책 읽어 주는 라디오」의 애청자입니다. 눈으로 읽을 때와는 달리 배우나 성우들이 읽어 주는 구절들이 가슴에 콕 박힙니다. 그들의 따뜻한 음성에 취해 예전에 읽었던 책을 다시 읽어 보기도 합니다. 목소리를 통해 감성의 결이 살아나고 일면식도 없는 책 속의 인물들과 유대감을 느끼기도 합니다. 거침없는 상상력이 머릿속을 휘젓기도 합니다. 눈으로 볼 때와는 달리 온몸으로 그 책을 받아들입니다. 그러고 보면 타인과 소통의 매체로는 책보다 좋은 것이 없나 봅니다.

프랑스 영화 『책 읽어주는 여자』에서 주인공 마리는 선천적으로 듣기 좋은 목소리를 가진 발랄한 여인이었습니다. 일탈에의 욕구가 자라고 있는 의뢰인들에게 열린 마음으로 책을 읽어 줍니다. 영화에서는 고객의 집으로 책을 읽어 주러 가는 한갓진 길이 자주 나옵니다. 그때마다 그녀의 걸음걸이가 책 속으로 성큼성큼 걸어 들어가는 것 같았습니다. 그러니까 그녀에겐 책을 읽어 주는 일이 사람들의 내면을 향해 가는 여행이었습니다.

서너 권의 책을 비단 보자기에 싸 들고 영화 속 마리처럼 고요하고 편안한 길을 걸어 책을 읽어 주러 가고 싶습니다.

보리밭도 지나고 청미래 덤불을 헤쳐 가면서 말입니다. 기와집이 죽 늘어선 돌담길을 지나 조용한 별당으로 가서 발그레한 복숭아 빛 볼을 가진 아씨들에게 책을 읽어 주고 싶습니다. 초가집이 옹기종기 모여 있는 동네, 침선을 하는 방에 모인 여인네들에게 『삼국유사』나 『한중록』을 읽어 주면 좋겠지요. 반짇고리를 잠시 밀쳐두고 비단저고리 짓던 손을 모은 채 귀를 열고 내 이야기를 들어 줄 것입니다. 감정을 약간 버무려 넣되 최대한 자연스럽게 읽으면 좋지 않을까요. 흙벽에서 풍기는 푸석한 마른 풀 냄새 때문에 훨씬 정겨운 자리가 될 것입니다.

조선의 전기수들도 책을 읽는 비법이 나름대로 있었답니다. 그중의 하나가 '눈길과 표정, 자세를 청중에게 맞춰라.' 라는 거였습니다. 그럼요, 듣는 이들에게 희망을 펼쳐보여야 하니까요.

하루하루가 팍팍하게 돌아가는 디지털 시대에 지극히 아날로그적인 책을 읽어 주는 직업이 있다면 재미있지 않을까요. 조선시대의 책비처럼 사람들을 마음대로 웃기고 울릴 수 있다면 확실한 전문 직업인이 되겠네요. 그러고 보니 요즈음 책을 읽어주는 프로그램이 여기저기 생겨나고 있습니다. 새로운 책의 시대를 꿈꾸어 봅니다. 세상을 꿰뚫어 보았기에 신선이라 불리던 희대미문의 책쾌 조생이 출현한다면 진정 살 만한 세상이 아닐까요.

『금강경』을 읽다

화엽불상견花葉不相見. 꽃은 잎을 보지 못하고 잎은 꽃을 보지 못한다. 『금강경』 한 구절 같습니다. 꽃과 잎이 서로 만나지 못하는 꽃무릇을 두고 하는 말입니다. 꽃이 다 지고 나서야 땅바닥에 붙어서 나는 짙은 초록의 잎은 모진 겨울을 납니다. 초여름이 되면 잎은 말라죽고 그 자리에 더듬듯 다시 한 가닥의 꽃대공이 일어납니다. 그렇게 해마다 잎과 꽃이 서로 상사相思의 애틋한 몸짓을 합니다. 그건 붉은상사화 또는 석산石蒜이라 불리는 꽃무릇의 운명입니다.

초가을 남도의 절집은 온통 축제 분위기였습니다. 고창 선운사, 영광 불갑사, 함평의 용천사는 꽃무릇 자생지로 유명합니다. 사람들은 붉은 바다에 몸을 던지고자 남쪽 절집으로 몰려들었습니다. 부처님이 아니라 활활 타오르는 꽃을 좇아 길이 미어지도록 찾아 들었습니다. 꽃도 신이라 했으니 부처님도 법당에서 그윽이 내려다보았을 것입니다. 사람들은 어느 절집 꽃이 최고인지 입을 모아 따져보기도 합니다. 부질없는 짓이지요. 하지만 나 또한 그랬습니다. 용천사 부도밭 뒷자락에 빙 둘러 핀 꽃무릇을 최고라고 엄지손가락을 치켜들었으니까요. 꽃이 늘어선 모습이 마치 열반에 든 스님들을 향해 합장하는 모습이었습니다.

그늘진 숲속에 떼를 지어 번지는 이 꽃은 뿌리에 독을 품고 있습니다. 코끼리도 넘어뜨릴 수 있다는 강력한 독성입니다. 뿌리를 찧어서 사찰의 단청이나 탱화에 바르면 좀이 슬거나 벌레가 꾀지 않습니다. 방부 효과를 위해 절집마다 심었던 꽃이 이제는 나라 안을 들썩이는 축제의 장이 되었습니다. 독을 지닌 것은 그 빛이 강렬합니다. 누군가를 향한 사모의 정이 깊어지면 현란한 유혹의 빛을 발하는 것일지도 모릅니다.

우리 동네에도 선암사란 조그만 절집이 있습니다. 선바위 옆 태화강을 끼고 있지요. 대웅전에 다섯 명의 신도가 들어가면 꽉 차는 절입니다. 산책길에 선암사에 들릅니다. 절집을 오르는 언덕 아래 꽃무릇이 몇 포기 있습니다. 외줄기 대궁이 받들고 있는 꽃은 외로움이란 이름표를 달고 있어 아무도 눈여겨보지 않습니다. 지난봄 누렇게 말라가는 잎을 보고 '그래 너로구나.' 위로하며 언덕을 올랐습니다.

무리지어 피었다가 지는 고창 선운사와 다르게 홀로 말라 가는 잎을 보며 기다림의 끝은 어디쯤일까를 가늠해 보기도 했습니다.

나는 회색빛 옷을 입고 꽃무릇과 마주합니다. 법당이 아닌 언덕길에 앉아 『금강경』 한 편을 읽습니다. 잎을 볼 수 있겠느냐. 꽃이 답합니다. 볼 수 없습니다. 잎이 아니라 잎이라 이름 하는 것입니다. 꽃을 꽃이라 하겠느냐. 아니옵니다. 꽃이 아니라 꽃이라 이름 하는 것입니다. 잎도 대답합니다. 법이 있어도 아니 되고 또한 없어서도 안 된다면 상사相思의 몸짓이 무슨 소용이 있을까요.

용천사나 불갑사의 스님들이 꽃의 황홀함에 넋을 잃지 않는 것은 『금강경』 때문인가 봅니다. 어떻게 생각하느냐. 꽃이 얼마나 붉다고 생각하느냐. 아니옵니다. 그건 꽃이 아니라 꽃이라 이름 하는 것이옵니다. 스님들도 꽃무릇의 잎이나 꽃처럼 같은 답을 하겠지요. 이래저래 남쪽의 가을은 깊어갑니다.

백로가 지났으니 북쪽의 산에서부터 단풍이 남하하기 시작합니다. 화려한 단풍의 계절이 오기 전에 미리 가을에 젖어보고 싶다면 서둘러 남도의 절집으로 가 볼 일입니다. 아직 붉음은 흥건하게 남아있고 한쪽에선 꽃대궁이 땅을 향해 고개를 숙일 때입니다.

부채

기름먹인 노란색 부채를 아세요. 손잡이 위쪽에 검정 종이로 박쥐무늬를 오려 붙인 커다란 방구부채 말입니다. 선풍기도 귀하던 시절에 여름의 필수품이었지요. 바람도 너풀너풀 넉넉하게 풀어내고 무엇보다 오래 쓸 수 있어 좋았습니다. 사라져버린 그 노란색 부채가 골목 식당의 식탁 위에 하나씩 놓여 있습니다. 주인은 정부시책에 따라 에어컨의 온도를 조금 높이는 대신 이 부채를 특별히 주문했다고 합니다. 좋은 생각이라고 맞장구를 쳤습니다.

옛 사람들은 부채를 여덟 가지 덕을 지니고 있다 하여 팔덕선八德扇이라 했습니다. 부채를 쓰임인 용用이 아니라 인격을 부여한 덕德이라 했으니 부채의 효용 가치를 짐작

할 수 있습니다. 바람을 일으키는 맑은 덕은 기본이요 햇빛을 가리거나 비를 피하는 덕도 지녔습니다. 파리나 모기를 쫓아주기도 합니다. 이것저것을 가리키는 지시봉으로도 그만이지요. 가끔 앉을 수 있는 깔개도 되어 주고 빚쟁이를 만났을 때 얼굴도 가려주며 무엇보다 해져서 버려도 아깝지 않으니 그 덕이 놀라울 뿐입니다.

부채는 드는 사람에 따라 완전히 다른 모습을 합니다. 국립국악원에서 박동진 명창의 「흥보가」를 들은 적이 있습니다. 발림(몸짓)에서 부채는 별별 역할을 다 했습니다. 제비가 되어 하늘을 날고 박을 써는 톱이 되는가 하면 흥부가 매품을 팔 때는 후리치는 매가 되었습니다. 자진모리 중 놀보 심술대목에선 부채를 힘 있게 확 펼치더니 순식간에 부챗살이 접히기도 했습니다. 이어지는 아니리 부분에서는 접은 부채를 받쳐 들고 흥건한 육담을 펼쳤지요. 세기의 명창도 부채가 없다면 맛깔스런 소리 결이 나오지 못했을 것입니다.

제갈공명이 어디 힘으로 조조의 군대를 물리쳤나요. 부채를 들고 상하좌우로 진두지휘를 한 덕분이지요. 한국적 색채가 잘 드러나는 군무는 단연 부채춤입니다. 무당도 손에 부채를 들어야 작두도 타고 잡귀도 내쫓습니다. 영화 「색, 계」에서 탕웨이가 들고 있던 까만 부채, 그녀는 그 부채 하나로 관능미를 한껏 과시했습니다.

여름이 정점을 찍었습니다. 조금만 인내하면 남쪽에서 건들마가 불어올 것입니다. 선선한 바람이 건들건들 옷소매를 파고들면 바로 가을의 시작입니다. 팔덕선도 펼쳤던 덕을 더위와 함께 접어 몸을 낮출 날이 멀지 않았습니다.

소금꽃

슬로시티 신안군 증도의 소금밭은 끝없이 넓었습니다. 그곳에 닿는 순간 소금은 생명의 근원이며 밥과 돈이요, 금보다 귀한 것임을 알았습니다. 그렇지 않고서야 캄캄한 창고마다 산처럼 쌓인 소금이 간수가 빠지기를 기다리며 오랜 침묵의 시간을 보낼 리가 없지 않겠어요.

소금꽃을 보셨나요. 염전의 결정지에서 오월의 햇살에 바닷물이 영글어 하얀 메밀꽃처럼 피어납니다. 지그시 들여다보니 '바스락 바스락' 저희끼리 부딪혀 소리까지 내며 세상을 향해 오고 있었지요. 그래서 '소금이 온다.'고 합니다. 그 꽃이 차츰 몸을 키워 바닥으로 내려앉은 늦은 오후에 염부들은 소금을 대파로 묵묵히 긁어모았습니다. 햇빛과 바람이 익혀서 빚어낸 보석이었습니다.

꽃이 피고 꽃잎을 떨어내 마침내 열매가 맺히는 것이 어디 소금뿐일까요. 우리는 꽃도 제대로 피우지 않고 성급하게 결실을 얻으려고 허둥거렸습니다. 그러면서 세상맛이 맵고 짜다고, 떫고 시다고 우매하게 주먹질을 해댔습니다. 기다림에 익숙하지 못한 탓이겠지요. 저수지의 물이 증발지를 거쳐 결정지에 다다르고 소금꽃을 피우기까지 평균 25일이 걸린다고 합니다. 아하, 그래서 김훈은 염전을 "시간이 기르는 밭"이라고 했나 봅니다.

박범신은 소설 「소금」에서 세상의 모든 맛을 담고 있는 것이 소금이라고 했습니다. 짠맛, 신맛, 단맛, 쓴맛이 어우러져 끝내 매운맛까지 있다고 하네요. 그 응축된 인생의 맛을 품은 소금을 한 부대 싣고 돌아옵니다. 그것으로 김장철에 배추도 절여야 합니다. 젓갈 담그는 데도 천일염만 한 게 어디 있나요. 간장이나 된장 같은 발효식품은 물론 장아찌도 만들어야지요.

음식의 생명은 염담 맞추기에 있으니 양을 잘 조절해야 합니다. 하긴 세상도 간 맞추기가 잘되어야 하고 문장을 쓰는 데도 농담이 필요하지요. 무엇보다 딱딱하게 굳어 있는 세태를 향해 소금 두어 바가지 내리쏟으면 부드러운 맛이 나지 않을까요. 씨알 굵은 미꾸라지에 한 줌만 뿌려도 거품을 내며 바짝 엎드리겠지요. 뻣뻣하여 제 잘난 맛에 고개 치켜든 사람들에게 훽훽 흩뿌리면 금방 녹녹해질 것입니다.

소금꽃을 보고 돌아오는 길에 나는 말을 잃었습니다. 소금 먹어 숨죽은 노란 배춧속처럼 순해진 탓입니다.

아코디언

강변길을 차를 타고 달립니다. 며칠 사이에 풍경이 확연히 달라졌습니다. 어둠이 슬쩍 내려앉는 시간에 본 가로수들은 풍성하던 잎이 떨어지고 맨몸이 되었습니다. 지리산에도 첫눈이 내렸습니다. 가을도 다 가기 전에 말입니다. 겨울이 온다는 건 나이 들어감을 실감나게 해 주기에 첫눈이 와도 설레지 않습니다.

라디오에서는 피아졸라의 「리베르 탱고」가 나옵니다. 애잔하면서도 흥겨움이 넘치는 드라마틱한 곡입니다. 탱고 선율은 해가 점점 짧아져 겨울로 넘어가는 이 계절에 들어야 제 맛입니다. 반도네온 연주가 귀에 착착 감겨듭니다. 반도네온은 아코디언을 기초로 하여 만든 작은 손풍금이지요. 그러니까 아코디언과 같은 족속입니다. 애조를 띤 음색과 짧은 스타카토가 특징입니다.

서쪽 하늘을 붉게 물들이는 노을을 보며 반도네온 소리를 들으니 황혼 무렵의 아버지가 생각납니다. 아버지는 사람들과 섞이지 못해 늘 주변을 서성였고 음주가무와는 거리가 멀어도 한참 멀게 사셨지요. 희로애락을 표현하는 데도 몹시 서툴렀습니다. 가윗길로 빠져 본 적도 없이 그저 앞만 보고 걸었습니다. 인간의 갈망을 한껏 나타낸 「리베르탱고」를 듣고 있으면 도대체 아버지는 어떤 열망을 품고 있었을까 궁금해지곤 합니다.

"탱고는 발보다 귀를 위한 것이다."라고 했던 피아졸라의 말처럼 「리베르 탱고」는 긴장과 이완, 슬픔과 기쁨, 자유를 위한 휘몰이, 그리고 파워풀한 힘까지 고루 들어 사람의 감정을 쥐락펴락합니다. 자신을 가두고 살았던 아버지도 이 곡을 들었다면 그 치명적 유혹을 뿌리칠 수는 없었을 것입니다.

어느 해, 연말이었습니다. 평소에도 옷차림에 무척 신경을 쓰는 아버지가 중절모까지 쓰고 외출을 하셨지요. 모처럼 늦게 귀가를 하시고는 상기된 얼굴로 애수를 자아내는 아코디언 소리가 참 듣기 좋았다고 의외의 이야기를 했습니다. 그 악기라면 배울 수 있을 것 같다는 말도 했습니다. 내가 아는 아버지는 노래 한 곡을 제대로 불러 본 적이 없었기에 진심이라 여기지 않았습니다. 돌이켜 생각해 보니 아버지는 지금의 내 나이쯤이었던 것 같습니다. 새로운 취미를 갖기에 그리 늦은 나이도 아닌데 그 갈망의 원천을 우리는 무시해 버렸습니다. 아버지가 아코디언을 연주할 수 있었다면 어깨 위에 평생 눌러붙어 있던 외로움의 한 자락을 떨쳐 낼 수도 있었을 것입니다.

반도네온의 강력한 스타카토 주법이 온몸을 파고듭니다. 내 인생도 겨울로 넘어가고 있나 봅니다.

풀과 칼

성묫길에 손바닥을 베었습니다. 봄날의 여리고 고운 풀이 유치원생 키만큼 자라 칼이 될 줄이야. 피가 삐죽이 나오는데 참 난감했습니다. 망각도 병인가 봅니다. 지난해에도 방심하다 손에 상처를 입었습니다. 여름 뙤약볕을 받아 단단히 약이 올랐던 것이지요. 풀잎도 칼이 된다는 사실을 매번 잊어버립니다.

어머니는 풀치조림을 자주 했습니다. 풀치는 갈치의 새끼입니다. 새끼갈치를 꾸덕하게 말려 살짝 튀긴 다음 갖은 양념을 넣어 조리면 입에 착 감기는 맛이 일품이지요. 가시를 발라내지 않고 그대로 바싹하게 씹어 먹을 수 있어 더 좋았습니다. 그 풀치가 자라 갈치가 됩니다.

생선가게에 지느러미를 쫙 펼치고 길게 누워있는 갈치는

번쩍이는 칼입니다. 갈치를 먹다가 뼈가 목에 걸린 적이 있습니다. 밤새 괴로워하다가 이튿날 결국 병원에 가서야 해결을 했습니다. 다른 데도 아니고 칼끝이 목을 겨냥할 줄은 정말 몰랐습니다. 한 이틀 목이 부어 음식도 제대로 먹지 못했습니다.

풀이 자라 날카로운 칼이 된다는 것은 재미있습니다. 품에 쏙 들어오던 자식은 사춘기만 되어도 부모의 가슴에 콕콕 칼날을 들이댑니다. 꽃각시에 꽃낭군이었던 보드라운 사람도 세월을 무기삼아 서로에게 상처를 줍니다. 숙성되고 익어가는 사이사이에도 칼은 숨어있나 봅니다. 봄나물이 되어주던 풀은 여름날의 천둥과 폭풍우를 견디면서 날을 세웁니다. 부드러운 뼈로 칼슘을 듬뿍 공급해주던 풀치도 짠 바닷물 속에서 칼이 될 수밖에 없나 봅니다.

제주산 갈치가 육만 원이란 이름표를 달고 오만하게 누워있을 때 은빛이 아니라 금빛이 나는 것 같았습니다. 몸값이 잘 벼린 칼처럼 무섭기도 해서 살까 말까 수없이 망설였습니다. 요즈음 그 칼이 빛을 잃었습니다. 일본의 방사능 오염문제로 말입니다. 값은 내렸지만 멀찍이 보고 지나칩니다. 박물관 유리장 안에 길게 누워 있는 녹슨 청동 칼을 볼 때처럼 감흥이 없습니다. 슥 만져보았을 뿐인데 남의 손바닥을 사정없이 죽 그어대던 풀도 가을이 지나면 스러지고 맙니다. 사람살이 또한 그러합니다.

나도 한때 풀과 꽃이었으며 품안의 자식이었습니다. 그러다 비바람을 이겨내려고 칼을 품고 살았지요. 생각 없이 칼을 휘둘러 많은 사람들에게 상처를 입혔습니다. 이제 내 칼날은 무디고 이가 빠져 풀도 베지 못합니다. 더 낭패스러운 일은 녹슨 칼로는 치렁치렁한 문장을 단칼에 벨 수 없다는 것입니다. 참 애달픈 일입니다.

마침표

어둑한 박물관에서 신라의 기와들과 흙내 나는 인사를 합니다. 얼굴무늬 수막새에 마음을 빼앗겨 한참을 들여다보고 있는데 도깨비 기와가 옷자락을 슬며시 잡아끕니다. 안압지에서 출토된 망와입니다. 툭 튀어나온 눈, 커다란 뿔, 날카로운 이빨에 들창코는 두려움이 아니라 친근감을 줍니다. '금 나와라 뚝딱, 은 나와라 뚝딱' 방망이만 있으면 모든 일이 일사천리로 해결되는 도깨비 이야기를 수없이 듣고 자랐으니까요.

망와望瓦는 지붕의 마루 끝에 세우는 우뚝한 암막새입니다. 기와지붕의 용마루가 좌우로 거침없이 뻗어 나가다가 사뿐한 곡선 끝에 망와를 얹어 마침표 하나를 분명히 찍는 것입니다. 도깨비 망와는 높은 용마루 끝에서 잡귀의 침입을 막아

주는 벽사의 역할도 했지만 그 집에 살고 있는 사람들의 염원을 표현했습니다. 그래서 바랄 망望의 망와가 되었지요.

아들을 결혼시킨 이웃이 그러더군요. 마침표 하나를 찍었다고. 그럴 리가 있나요. 그건 시작을 위한 것에 불과하다고 말해 주려다 그만두었습니다. 금방 알게 될 테니까요. 산뜻하고 뚜렷한 문장 뒤에 찍는 온점, 위트가 들어간 맛깔스러운 글발 끝에 오는 느낌표는 확실한 마침표가 됩니다. 그러나 인생살이에는 그런 마침표 가 없습니다.

아들이 결혼을 하고 식구가 늘어나자 소망도 그만큼 커졌습니다. 번민도 그에 비례해 늘어갔습니다. 근심 보따리를 풀려고 자주 부처님 앞에 나가 엎드려 절을 했지요. 그런데 절집 마당에 들어설 때마다 용마루 끝을 막음한 망와가 눈에 들어왔습니다. 어쩌면 세상의 모든 어미들은 지붕 끝에 앉은 망와가 아닐까요. 높은 곳에서 멀리 내다보고 '훠이훠이' 잡귀를 쫓아내고 집안으로 들어오는 나쁜 기운을 부릅뜬 눈과 날카로운 이빨로 혼신을 다해 막아내기도 합니다. 때론 간절히 기도하며 가족들의 안녕을 빌고 또 빌지요. 눈물바람도 마다하지 않습니다. 그러고 보면 자식들 뒤에 내버티고 선 마침표일지도 모릅니다.

박물관을 나오다 다시 돌아섭니다. 용마루 끝의 우뚝한 마침표가 아니라 간이역 같은 쉼표 하나 찍어 달라고 부탁을 해 봅니다. 도깨비 방망이 한 번 휘두르면 되지 않을까요

4부

그 남자네 집

봄, 꽃봉오리 벙글은 화사한 날에 남자 이야기를 쓴다니까 이 나이에도 봄을 탄다고 친구는 놀렸다. 민들레가 자잘한 웃음을 머금고 얼레지가 심청이 치마처럼 머리를 뒤집어 쓴 따뜻한 날에 남자 이야기를 해야겠다. 엄밀히 말하면 그는 지금 초로의 나이다. 그래서 아무리 연필 끝에다 힘을 준다 해도 이야기는 맥이 빠질 수밖에 없다.

내가 기억하는 그는 이십 대의 젊은 나이다. 자신을 이기지 못해 진주의 본성동 거리와 인사동 골목에서 세상을 향해 온갖 욕설을 하며 미친 듯이 웃어젖히던 기억이 뚜렷하다. 그때를 더듬어 이야기를 꺼낼 수밖에 별 도리가 없다.

세상 물정에 어두운 아버지가 힘들여 장만한 집이 사기꾼에게 걸려들어 이사한 지 한 달도 못 되어 우리는 거리에 나앉게 되었다. 그리하여 어렵사리 그 남자네 집에 방 두 칸을 세 들어 살았다.

그만그만한 주택들 사이에서 번듯한 기와집이었다. 계단을 올라 좀 높은 곳에 위치한 큰길의 모퉁이 집이라 훤히 트인 곳이었다. 덕분에 온종일 햇살이 차고 넘치는 것은 마음에 꼭 들었다. 봄이면 오래된 자목련이 함박꽃을 피웠고 유월이 오기 전에 대문과 담 위로 줄장미가 흐드러지게 피어 내 집이 아니라도 기분은 좋았다. 사실 그 남자 때문에 음습한 기운이 감돌곤 했는데 폭포수처럼 쏟아지는 햇빛은 그런 기운을 잠재우고 철따라 많은 꽃을 피웠다.

진주의 갑부는 소실인 그의 어머니에게 최고의 선물로 집 한 채를 사 주었다. 그러나 집만 덩그러니 있지, 모자를 돌보는 것 같지 않았다. 두 사람은 잊힌 존재로 곤궁하게 살아가는 듯했다.

그 남자는 천재라고 소문이 났지만 본가의 아들과는 심한 차별을 받았다. 지나치게 보수적인 동네, 마치 19세기를 살고 있는 듯한 소도시의 사람들은 관심거리가 별로 없었다. 그래서 남의 집 가계까지 두루 꿰고 있기에 그가 받은 냉대는 미루어 짐작할 수 있었다.

그가 명문 대학에 수석 입학을 하자 진주가 떠들썩했다. 그마저도 흉거리가 되었다. 서자 출신이 천재면 뭐하냐고 모두들 혀를 찼다. 대학을 중퇴한 것은 자의 반 타의 반이 되었고 사회에 적응을 못하여 집으로 숨어들고 말았다. 정신이 들쑥날쑥한 그를 보고 사람들은 또 수군수군 말이 많았다.

뒤로 돌아앉은 방에 갇혀 밖으로 잘 나오지 않는 그 남자와 일 년을 조금 넘게 같은 지붕 아래서 살았다. 그 남자가 한 번씩 발작을 하면 밤중에도 집을 뛰쳐나갔다. 우리가 있는 동안 두어 번 그런 일이 있었다. 그의 어머니는 온 동네를 헤매고 다니다 축 처진 아들을 데리고 돌아왔다. 그러고 나면 며칠씩 먹물 같은 어둠이 집안에 번져났다. 한 번은 붉게 충혈된 눈으로 집을 나갔는데 본가에 찾아가 벌집을 쑤셔 놓고 왔는데 그 후 말끔한 신사가 찾아왔다. 본가의 장남이라고 했다. 키가 작은 그의 어머니는 비굴할 만큼 갈팡질팡했고 키 큰 신사는 찬바람을 일으키고 갔다. 그의 어머니는 오랜 한숨을 쉬었다.

남자는 가끔 마당에 나와 해바라기도 하고 대청마루에 앉아 책을 읽기도 했다. 학교에서 돌아오다 가끔 그렇게 마주치면 놀라서 잰걸음으로 마당을 가로지르곤 했다. 진한 먹빛이 내 몸에 옮길까 봐 두려웠다.

대학생인 선배 언니로부터 빌린 막심 고리끼의 『어머니』를 읽고 있었는데 발음도 이상한 러시아어나 사회주의 용어들 때문에 이해하는 데 힘이 들었다. 어머니는 뒷방 삼촌은 책을 많이 읽었으니 잘 설명해 줄 거라고 했다. 하긴 언제나 책을 끼고 살았다. 그의 유일한 나들이도 집에서 몇 발짝 되지 않는 청구서림으로 책을 사러 가는 일이었다. 하지만 나는 싹 무시해 버렸다. 그런데 정말 곤란한 일이 생겨서 내 스스로 뒷방을 찾아갔다. 시험 기간이었는데 수학 문제 하나를 해결하지 못하면 다른 문제도 도무지 풀 수 없는 일이 일어났다. 컴컴한 방에 곰팡내가 나리라고 예상했는데 전혀 달랐다. 서쪽으로 난 창으로 오후의 햇살이 비껴 들어오고 정리정돈이 잘되어 있었다. 제법 너른 방에는 책이 그득했다. 평소에 내가 읽고 싶었던 책들이 죽 늘어서 있어 한결 마음이 편했다.

그는 어려운 수학문제를 거뜬히 해결해 주고 몇 권의 책을 빌려주었다. 그날 이후 왜 그가 세상으로부터 소외당하고 모멸감을 안은 채 살아야 하는지에 대한 의문이 생겼다. 소설가가 되어 그 남자의 이야기를 써 보고 싶었다. 약간의 각색을 거친다면 멋진 작품이 나올 것 같았다.

울산에 살면서 진주를 오르내렸지만 그를 잊고 있었다. 소설가가 되지 못한 나는 굳이 기억할 필요가 없었다. 뜻밖에 노인이 되어 가는 그를 만났다. 진주의 인사동 골동품 거리에서다. 그의 아버지가 예전부터 골동품을 취급해서 많은 돈을 번 것은 이미 알고 있었다. 그래서일까 그 남자는 버젓이 주인이 되어 있었다. 수십 년이 훌쩍 지났는데도 금방 알아볼 수 있었다. 머리만 희끗희끗했지 모습은 변하지 않았다.

문을 열고 들어오는 손님을 보고도 책에서 눈을 떼지 않았다. 대청마루 기둥에 비스듬히 기대앉아 부수수한 머리를 약간 숙여 책을 보던 모습 그대로였다. 헐렁한 옷이며 고무신, 긴 손가락과 여윈 얼굴은 별로 변하지 않았으나 편안해 보였다. 그릇이 필요해서 들어갔지만 휘 둘러보고 가게를 나왔다. 대충 어떻게 살았을지 미루어 짐작이 갔다.

치밀어 오르는 분노를 삭이지 못해 미친 듯이 빗속을 헤매던 남자 이야기를 소설로 쓰지 못한 것을 후회하지 않는다. 그런데도 왜 허방을 밟고 선 듯 아쉬움이 남는 걸까.

너희가 라이파이를 아느냐

"라이파이 아-아 아세요? 정의의 사자 말입니다."

억센 톤의 목소리에 더듬기까지 했다. 여름 한낮, 느닷없는 전화 목소리의 주인공을 확인할 겨를도 없이 만화 이야기에 빠져들었다.

"그럼요. 알고말고요!"

나는 화들짝 놀라는 시늉까지 했다. 까마득히 잊고 있었던 '라이파이' 카드를 꺼내든 한 남자가 쨍한 빛을 몰고 성큼성큼 걸어오고 있었다. 맞장구를 치느라 그 남자만큼 드센 사투리가 집 안의 고요를 깨트렸다. 나 또한 시장만화방의 붙박이였던 시절에 본 순정만화 주인공들의 이름을 나열하기에 바빴다. 공연히 흥분을 억누르지 못해 손바닥이 땀으로 축축했다.

더위에 입맛을 잃어 겉절이를 하려고 배추를 섬벅섬벅 썰어 소금을 뿌려놓고 멸치액젓으로 양념을 만들려던 중이었다. 그런데 30분 이상 만화 이야기를 떠벌리고 있었다. 그 남자가 시장만화방의 아이스케이크 맛까지 들먹이지 않았다면 그대로 끝날 수도 있었다. 우린 얼굴이 허여멀건한 주인아저씨의 인상착의까지 말하고 있었다. 금방 버무려야 할 겉절이 배추는 소금에 푹 절여져 제 때깔을 잃어가는 줄도 모르고.

"고향이 어디세요?"

"하하하, 진주 장대동요. 시장만화방 오른쪽으로 죽 이어진 가게들이 있었지요. 그 동네요."

시장만화방의 문지방이 닳도록 번질나게 들랑거린 초등학교 5학년 때, 그는 고등학생이었을 것이다. 내가 모 수필지에 게재한 「시장만화방」을 우연히 읽고 어렵게 전화번호를 알았다며 전화선 저편에서 멋쩍은 듯 푸시시 웃었다. 글 언저리를 맴돌고 있다는 그는 새로운 라이파이 이야기를 소설로 완성하는 것이 목표라고 했다. 그리고 목소리에 힘을 실어 덧붙였다.

"아시죠. 우리 남자들은 라이파이의 화려한 뒷발차기를 잊지 못합니다."

이미 배추는 푹 절어 제 빛을 찾을 수가 없었다. 겉절이는 최소한의 소금기를 머금어야 아삭한 맛이 난다. 라이파이에 대해 '네, 아니오'로 답이 짧았다면 적당한 간이 되었을 것이다. 나는 찬연스런 여름 볕살 가운데를 질러 다시 시장으로 배추를 사러 갔다. 부신 눈을 반만 뜨고 걸으며 라이파이의 뒷발차기를 애써 떠올려보지만 그런 장면은 늘 흐릿할 뿐이다. 남자들은 외줄타기와 뒷발차기가 강력했다면 나는 녹의 여왕 옷차림이나 그린스타가 아직도 머릿속을 돌고 있었다.

나는 라이파이 세대가 아니다. 만화방을 내 집 드나들듯 하던 그때, 라이파이의 후속편쯤 되는 「정의의 사자 피터링」이 나오긴 했으나 그런 SF만화는 관심이 없었다. 순정만화를 죄다 섭렵한 후 자투리 시간에 건성으로 보는 목록에 가끔 끼여있을 뿐이었다. 「라이파이」는 우리 오빠 세대들을 열광케 했으나 이미 완간이 되어 만화계를 한바탕 훑고 지나간 뒤였다. 그러나 남학생들의 책꽂이에는 물론, 집집마다 돌고 도는 최고의 명작이었다.

라이파이는 우리나라 최초의 SF만화다. 전쟁 후 빈곤과 무력감에 빠진 세상을 뒤흔든 참신하고 스펙터클한 영웅 이야기는 소년들을 열광에 빠트렸다. 영어가 아닌 한글 자음 'ㄹ'을 가슴에 달고 흰 두건과 검은 복면, 꽉 끼는 슈트에 가죽장화를 신고 허리에는 무선호출기를 찬 미래의 영웅은 세상에 홧홧한 기운을 퍼트렸다. 라이파이가 빛보다 빠른 제비호를 타고 오대양 육대주를 누비며 악의 무리를 물리치는 이야기는 시원스럽다 못해 구원의 메시지가 되어 널리 퍼졌다.

라이파이라면 속속들이 내리꿰고 있던 독서모임의 선배가 있었다. 어느 날, 'ㄹ'자 로고가 선명한 T셔츠를 입고 나타났다.

"라이파이 아세요?"

내가 고개를 끄덕일까, 도리질을 할까를 잠시 망설이던 사이, 그 선배는 장전한 실탄을 발사하듯 나를 향해 마구 내쏘았다. 아예 모션까지 취했다. 제비호의 광속에 대해서 신나게 떠들다 태백산 요새를 설명할 때는 얼굴이 벌겋게 상기되어 보기가 딱할 정도였다. 로켓벨트나 홀로그램 등 최첨단 과학 장비들이 만화 속에서 어떻게 쓰였는지를 설명하느라 볼이 점점 빵빵해졌다.

"라이파이는 22세기에 나타날 영웅입니다. 두고 보세요, 꼭 나타날 것입니다."

막 군대를 갔다 온 공학도인 그 남자가 하는 말을 부정도 할 수 없었다. 몇 십만 년 후에 올 미륵을 기다리는 사람도 있는데 22세기란 얼마나 구체적인가. 게다가 설득력 있는 과학적인 배경은 그것을 증명해 주고도 남음이 있었다. 그는 다음날, 낡은 초록색 보자기를 내게 내밀었다.

"잘 읽고 돌려주세요. 라이파이입니다."

묵직한 그 보자기를 방 윗목에 밀쳐놓고 잊고 있었다. 그냥 돌려주기가 뭣해 초록색 보자기를 풀었다. 그것을 받아 들고 온 지 한 달이 훨씬 지난 뒤였다. 겉표지는 두꺼운 종이로 덧씌워져 있어 그의 보물임을 단박에 알아보았다. 얼마나 읽고 또 읽었는지 질 낮은 종이는 푸석거렸고 부풀어 올라 찢어진 곳도 보였다. 총 32권 중 5권이 중간에 빠져 있는, 「라이파이」를 책장이 찢어질까 봐 조심스럽게 넘겼다. 권수를 거듭할수록 작가 산호의 무한 상상력 앞에 나 또한 녹아들고 말았다.

초록색 보자기를 돌려주러 간 날, 이번에는 내 만화방의 이력을 줄줄이 꿰어 내느라 그 남자는 꼼짝없이 한나절을 잡히고 말았다. 순정만화 이야기는 되도록 하지 않았다. 남자들이 지루해하니까. 손의성의 혁형사, 이근철의 각진 얼굴이 포인트인 카르다, 박기정의 권투만화, 추동성의 짱구박사, 조동래의 엄마 찾아 삼만리, 임창의 땡이 시리즈 등등 나는 종일이라도 크로바문고며 부엉이문고에서 나온 만화 이야기를 할 수 있었다.

부천만화 박물관에서 '라이파이 기획전'이 열렸다. 낡은 보자기를 무슨 보물인 양 안고 가던 선배도 시장만화방 근처에 살았던 그 남자도 라이파이 기획전이 열리던 만화 박물관을 찾아갔을 것이다. 라이파이와 아무 상관이 없을 줄 알았던 내가 한달음에 달려갔으니까. 머리 희끗희끗한 남자들이 줄지어 드나들던 그곳, 두 남자도 태백산 요새를 드나드는 기분으로 전시장 문턱을 넘었을 것이다.

쨍하게 내리는 여름 볕살을 가르며 배추 두 포기를 다시 사 왔다. 잠깐 사이에 소금기를 견디지 못하는 배추에겐 기다림이란 의미가 없다. 그러나 머리가 소금 뿌린 것처럼 허연 사내들은 기다릴 줄을 안다. 이 지구를 구할 영웅을 우직하게 기다린다. 미국의 구호물품에 의존해 살던 우울했던 시절, 희망이란 강한 메시지를 폐부 깊숙이 찔러 준 작가 산호도 그렇게 기다림을 알던 사람이다. 다가올 미래를 현재 속에 재현시켜 삶의 거친 모퉁이를 부드럽고 말랑하게 해준 작가야말로 소년들의 영웅일지도 모른다.

배추를 얼간하기 위해 연한 소금물에 절인다. 고춧가루도 매운맛을 조금 죽이려고 따뜻한 풀물에 풀어둔다. 젓갈도 심심한 것으로 준비한다. 실패를 거듭할 순 없다. 양념을 준비하는 동안 녹의 여왕 망토가 눈앞에 펼쳐진다.

뜬금없는 전화 한 통에 공연히 달떠 아무래도 겉절이가 제 맛을 낼 것 같지 않다. 세상에 소금이 될 '라이파이'를 나도 기다리고 있었나 보다.

「라이파이」는 읽을거리에 굶주렸던 청소년들에게 무궁무진한 상상력을 불러일으킨 명작만화였다. 미디어가 발달하지 않았던 그 시대에 「라이파이」가 아니었다면 어찌 잉카를, 아프리카를, 히말라야와 안데스 산맥을, 남태평양을 넘나들 수 있었을까. 뛰어난 비유와 풍자로 우리가 꿈꾸던

미래를 구체적인 희망으로 활짝 열어보여 주었던 그 남자들의 라이파이는 아득한 시간을 거슬러 내게로 왔다. 라이파이 카드는 살면서 뭉툭하게 닳아버린 마음의 날을 벼리는 계기가 되었다.

'너희가 라이파이를 정녕 알기나 하느냐' 두 남자의 목소리가 겉절이 양념 속으로 함께 들어간다.

인생극장 1막 3장

제1장 풍경

무대는 고요하다. 인물들은 아무도 움직이지 않고 정지된 동작을 취하고 있다. 운동모자의 남자, 키가 크고 덩치가 좀 우람한 중년, 흰 운동화에 새까맣게 그을린 남자도 보인다. 낯선 사람도 두 명 있다. 검정색 실크셔츠와 꽁지머리도 보인다. 저만치 떨어져 노인도 앉아있다.

월요일 아침. 인력시장이란 무대에는 다른 날보다 등장인물이 많다. 평소에는 서너 명이 나와 서성거렸는데 오늘은 다르다. 그들은 정물처럼 서 있거나 앉아있는데 모두 한 방향을 주시하고 있다. 차가 오는 방향이다. 그들을 태워갈, 즉 노동을 필요로 하는 곳으로 데려갈 차가 무대에 등장하기를 학수고대하고 있다.

이반제니 솔제니친의 「고도를 기다리며」를 연상시킨다. 한없이 무료해 보이고 또 끝없는 기다림으로 초조해 한다. 하루살이의 인생과 다름없는 그들의 무대에 나는 매일 같은 시간에 관객이 된다. 벌써 여러 해째다

출근길의 네거리에선 신호등이 언제나 빨간불로 바뀐다. 잠시 멈추어 서 있는 동안에 그 무대를 유심히 살피게 된다. 집중하지 않아도 대충 그들의 표정과 행동을 알 수 있다. 무대에는 늘 같은 인물이 등장하기 때문이다. 입은 옷도 같고 신발도 사철 변함없으며 특히 표정은 굳어 있다. 비를 피할 곳도 더위나 추위를 가릴 곳도 없는 인생극장의 무대이다.

낯선 배우가 잠깐씩 등장하기도 한다. 그러나 그들은 그야말로 깜짝 출연이다. 그 자리를 굳건하게 지키는 사람들은 몇몇으로 정해져 있다. 멀리서 봐도 그 면면을 알 수 있기에 잠시 보이지 않으면 궁금해진다.

요즈음 같은 미디어 시대는 인터넷 노동시장이 활발하게 형성되고 있어 노천 인력시장이 있다면 믿지 못하는 사람도 있다. 그러나 예전에는 이른 아침이면 수많은 사람들이 이곳에 나와 일감을 찾곤 했다. 익숙한 재래의 방법이 이들에겐 편한지도 모른다.

가끔 새로운 남자들이 구석진 곳에서 서성이기도 한다. 오늘도 낯선 사내가 보인다. 남의 집에 온 것처럼 쭈뼛거리

고 눈치를 살핀다. 이 시간까지 저렇게 많은 사람들이 있다면 모두 공치는 날이 아닌지 모르겠다.

그들의 차림새가 대개 말끔하고 궁기가 없어 보여서 좋다. 어떤 일이든 맡겨만 준다면 척척 해낼 것 같은 자신감도 보인다. 당당한 겉모습과는 달리 하루를 벌어 살아가는 이들의 마음은 아침마다 조바심으로 타들어 가고 있다. 시종 무표정하게 굳어 있는 얼굴이 그걸 말해준다.

내가 차를 멈추고 있는 동안 누군가 나타나 그들을 싣고 가기를 희망하지만 좀체 그런 일은 없다. 당당한 직업인이요, 진정한 노동자인 이들에겐 상여금도 명절 떡값도 없으며 휴가비 같은 것은 언감생심 꿈에도 받아본 적이 없다. 그저 일한 만큼의 대가를 받기 위해 매일 그 자리에 나와 있을 뿐이다.

비정규직 문제로 나라 안이 시끄러울 때, 노동 현장에 붉은 깃발이 펄럭이는 날에도 아침마다 그 무대를 지켰다. 노사현장에 공권력이 투입되는 어지러운 날은 물론이고 무섭게 폭풍이 치는 아침에도 그들은 어김없이 그 자리에 있었다. 그런 날은 인력시장이 신성한 장소로 보인다.

뒤에서 차가 빵빵거린다. 네거리 신호등이 초록불이다. 서둘러 떠나지만 종일 마음이 쓰일 것 같다. 얼마 전 비 오는 아침에 네 사람이 횡단보도를 건너 되돌아가는 것을 보았다. 쓸쓸히 무대 뒤로 퇴장당하는 날도 부지기수다. 무대 위에서도 무대 밖에서도 삶은 무겁고 고단하다.

막이 내리기 전에 등장인물 모두가 눈에 힘이 들어가고 어깨가 올라가며 우렁우렁 목소리가 커질 수 있기를 바란다.

제2장 검정 실크 셔츠와 꽁지머리

그 남자의 구두코가 햇빛을 받아 유난히 반짝인다. 냉엄한 노동시장에 새 구두가 당키나 한가. 게다가 검은색 실크 셔츠가 단정하게 빗은 머리와 썩 잘 어울린다. 금방 중요한 회의에 참석하고 나온 사람 같다. 조그만 손가방을 옆구리에 끼고 있어 도대체 노동 시장에 나온 사람 같지 않다. 계속 저런 차림새라면 머지않아 무대에서 사라질 것이다. 그런 등장인물들을 종종 보았다.

다른 사람과 거리를 좀 두고 서 있는 그는 연신 담배를 피운다. 초조한 빛이 역력한 이 남자는 근래에 나타난 새로운 인물이다. 무대에 전혀 어울리지 않을 뿐 아니라 대사 한마디도 없다.

아내와 아이들의 배웅을 받으며 의연하게 어깨를 펴고 나왔을 것이다. 정성껏 닦은 구두도 다림질이 잘된 바지도 어설프게 보인다. 검정 실크셔츠 차림은 더욱 그렇다. 손가방의 크기를 보건대 특별한 기술이 있는 것도 아니다. 인력시장의 생리를 너무 모르는 이 남자를 누구도 쉽게 데려

갈 것 같지 않다. 그나마 넥타이를 매지 않은 것이 천만다행이다. 튼튼한 작업화에 완전한 복장을 갖추고 큰 가방을 메고 있는 사람과 비교가 된다. 운동화와 커다란 가방, 까맣게 그을린 남자들 틈에서 실크셔츠는 초라하다.

가끔씩 나타나는 꽁지머리가 보인다. 궁금할 때쯤이면 꼭 나타나는 그 남자는 너울가지가 좋다. 넉살이 몸에 밴 듯 이 사람 저 사람에게 다가가 말을 붙인다. 비쩍 마른 몸매에 유연성도 있다. 그의 꽁지머리는 「자유」라는 메시지를 넌지시 알려준다. 노동판에서 일을 하려면 질끈 동여맨 꽁지머리가 제격이지만 눈빛이 날카로운 이 남자의 자존심일 것이다. 내가 출근하기 이전에 이미 일터로 뽑혀 가는지 가끔씩 보인다. 민첩한 행동으로 보아 어떤 일이라도 깔끔하게 마무리하기에 일찌감치 무대에서 내려가는 것 같다.

월요일 아침, 꽁지머리만 유일하게 무대 위에서 움직인다. 활동사진처럼 느릿느릿 돌아간다. 사람들 사이를 이리저리 다니다 제자리에서 뜀뛰기도 한다. 습관인가 보다. 붙박이로 서 있는 실크셔츠 곁을 슬쩍 지나기도 한다. 그림이 그럴 듯하다.

드디어 한 대의 차가 미끄러지듯 달려와 멈춘다. 다리가 긴 꽁지머리가 날쌔게 다가간다. 몇 마디 이야기가 오가고 흰 운동화와 같이 차를 탄다. 두 사람의 일당은 얼마일까? 자꾸 궁금해진다.

신호가 초록으로 바뀌었다. 두 사람의 하루 품삯이 내 생각보다 훨씬 많기를 바라면서 그곳을 떠난다.

제3장 비 오는 날

노인은 몸을 동그랗게 하고 있다. 언제나 그 자세다. 몸무게도 40kg을 조금 넘을까. 아니 그보다 가벼울지도 모르겠다. 서 있는 것을 본 적이 없지만 얼른 보아도 초등학생 몸집이다. 모자를 푹 눌러쓰고 고개를 숙이고 있어 표정은 보이지 않는다. 그 아래로 보이는 입이 합죽하다. 이가 빠지고 없는 것은 아닌지 괜한 걱정이 된다.

어깨를 구부리고 다리를 모은 채 두 손으로 깍지 끼고 있는 모습이 동그라미다. 시선은 땅에 박혀 있고 낡은 베이지색 점프는 헐렁하다. 그 옆에 허름한 가방이 놓여있다. 무엇이 들었는지 불룩하다. 고집스런 아이처럼 절대 깍지를 풀지 않을 것 같아 답답하게 보인다. 비 내리는 아침 혼자 부슬부슬 비를 맞고 있다. 가게 처마 밑이라야 비를 피할 곳은 못 된다. 그런데 꼼짝없이 앉아있다.

벌써 일주일째 비가 내린다. 비 오는 날은 공치는 날이 대부분이다. 아침 풍경이 사뭇 다르다. 흰 모자도 체크무늬 바지도 검은 얼굴도 며칠째 보이지 않는다. 농사짓는 사람처럼 비에 민감해진 것도 이곳을 지나는 몇 년 동안 생긴 버릇이다. 사람들은 아예 나오지 않거나 삼삼오오 모여 있다가 해장술을 하러 가기도 한다. 그런 쪽에도 낄 수 없으니 혼자 자리를 지키고 있다. 그러다 시간이 지나고 맥없이 돌아가는 것은 아닐까 조바심이 난다.

인력시장에도 생존의 법칙이 존재한다. 이왕이면 튼실하고 힘 있는 사람이 우세하다. 젊고 건강하면 더 말할 것도 없다. 조금만 힘을 가해도 폭삭 무너질 것 같은 늙은이를 써 줄 곳은 흔치 않다. 그래서 맨 나중까지 남아있는 노인은 아예 땅에다 시선을 꽂고 앉아있다. 큰길에는 쌩쌩 달리는 자동차 소음이 요란한데 눈을 감고 명상에 든 듯 고요하다.

자식들로부터 부양을 받을 나이에 아침마다 거리로 나올 수밖에 없는 노인의 딱한 처지에 눈길이 자꾸 쏠린다. 그의 어깨에 매달린 식구가 제발 건강한 아내 한 사람이기를 바란다.

좀 더 적극적으로 나선다면 좋을 텐데 그럴 기미는 없다. 일어서서 차가 오는 도로 옆으로 나와 자신을 필요로 하는 사람에게 다가가면 쉽게 일감을 구할 수 있는데 참 답답하다. 가방 안에 든 연장들이 오랫동안 쓰일 일이 없어 녹이 슬어가고 있다면 더욱 걱정이다. 묵직한 가방 속에서 나온 여러 가지 연장으로 일용할 양식을 벌 수 있었으면 하는 바람을 가져 본다. 젊어서부터 기술을 연마했다면 딱 맞는 일감은 곳곳에서 기다리고 있을 것이다. 동그란 몸을 풀고 일어나 햇살의 감촉을 받고 세상 밖으로 나갔으면 좋겠다. 분명 섬세한 그의 손길은 모두를 만족시킬 것이다.

항상 예상 밖의 일은 존재한다. 내가 떠난 후에 일감을 찾아 떠났을 것이다. 그래서 끝까지 동그랗게 앉아 인력시장을 지킨 보람을 찾으면 좋겠다. 무늬만 노동을 신성시 하는 사람들이 판치는 세상에 진짜 노동자인 노인의 사기를 북돋아 주고 싶다. 등이라도 힘껏 밀어주고 싶다. 월요일 아침, 마음이 스산하다.

모르쇠

"봤죠?"

날카로운 쇳소리가 등에 확 꽂혔다. 얼른 뒤돌아보니 젊은 여자가 눈을 동그랗게 뜨고 거듭 물었다.

"아줌마, 분명히 봤죠!"

내가 뭘 보았다는 건지 몰라 두 손을 모은 채 멀거니 그 여자를 보았다.

"정말 보셨어요?"

이번에는 과일가게 주인 여자가 마뜩잖은 눈길로 따지듯 물었다. 무얼 봤다고 아침부터 두 여자가 날을 세워가며 몰아세우는지 몰라 잔뜩 긴장을 했다.

농수산물 시장, 청과코너에 쌓여 있는 갖가지 과일을 쳐다보고 또 보았다. 생생하게 붉고 푸른빛을 내는 것들을 하나하나 살폈고, 달콤 상큼한 향기에 취해 입에 살짝 침이 고이기도 했다. 이걸 고를까, 아니면 저쪽 것이 더 나은가 하고 곁눈질해 가면서 말이다. 샛노란빛을 내는 참외, 꼭지가 싱싱한 딸기며 제철 토마토의 붉음에 흠뻑 취했었다. 오렌지 앞에서는 코를 킁킁거렸고, 알 굵은 그린키위와 보기 좋게 쌓아올린 사과는 눈을 즐겁게 했다. 오감을 자극시키는 과일을 본 건 틀림없었다. 그것을 말하는 것 같지 않아 뒤로 엉거주춤 물러섰다.

젊은 여자는 얼굴을 내게 바짝 들이대더니 심문하듯 "좀 전에 봤잖아요." 하고 또 물었다. 갑자기 죄인이 된 기분이었다. 나는 몸을 움츠리며 게걸음을 걸으며 옆으로 비켜났다. 그때 주인 여자가 앞치마 주머니에서 지폐를 내보이며 그 돈은 다른 사람에게서 받은 거라고 했고 젊은 여자는 자기가 준 것이라고 목청을 돋우었다. 주었다? 안 받았다? 요지는 그거였다. 내가 못 본 것은 그러니까 신사임당이 다소곳이 그려져 있는 오만 원권이었다. 과일 더미에 혼을 빼앗기길 천만다행이다. 그 무엇을 본다는 행위는 귀찮은 일일지도 모른다. 알고도 모르는 척, 보고도 못 본 척하는 것이 내 유일한 장기이기도 하니까. 그냥 모르쇠로 일관하는 것이 뱃속 편한 일이라고 생각하며 서둘러 집으로 돌아왔다.

"봤지? 너 똑똑히 말해!"

초등학교 오학년 초여름, 문방구 주인 여자는 수십 번, 아니 수백 번 내게 묻고 또 물었다. 번득이는 눈과 붉은 입술을 내 얼굴 가까이에 들이밀면서 그렇게 다그쳤다. 나는 꾹 다문 입술을 파득파득 떨며 고개만 좌우로 세게 흔들었다. 아무것도 보지 못한 죄로 그렇게 혹독한 대가를 치를 줄은 상상도 못했다.

그날 아침 등굣길에 친구를 만나 문방구에 들렀다. 상품이 가득 진열된 문방구 안을 한 바퀴 휙 눈으로 보았다. 그 중에 가장 눈길을 끈 것은 책받침이었다. 곰보 자국이 심한 낡은 책받침 대신 소공녀 세라가 구슬처럼 반짝이는 눈으로 나를 바라보는 그 책받침이 있다면 예쁜 글씨를 쓸 수 있을 것 같았다. 그래서 침을 꿀꺽 삼켜 가며 보았다. 그것뿐이었다. 친구가 물건을 사고 문방구를 나와 나란히 학교 계단을 올라간 것이 전부였다.

"너 똑바로 말해. 친구라고 봐주지 말고. 가방 안에 넣는 것 봤지?"

먹이를 낚아채려는 매의 눈으로 다가오는 그 여자 때문에 나는 이내 눈을 내리깔고 말았다. 그것이 긍정의 의미를 뜻했는지 내 책가방을 홀랑 벗기더니 물건을 와르르 쏟아냈다. 플라스틱 필통이 열리더니 몽당연필이 굴러 나왔다. 분홍색 지우개랑 삼각자가 튕기는 순간 어머니가 신발도 신지 않고 문방구 안으로 들어왔다. 얼마나 급히 달려왔는지 숨을 몰아쉴 때마다 앞쪽 셔츠의 단추가 들썩거렸다. 아버지가 출장길에 큰 맘 먹고 사 온 내 책가방이 아무렇게나 버려진 것을 본 어머니는 갑자기 주인 여자의 멱살을 잡더니 구석으로 휙 내동댕이쳤다. 와, 어머니는 정말 용감했다. 40킬로그램이 조금 넘는 몸에서 어떻게 그런 힘이 나왔는지 모를 일이었다.

문방구 앞에는 아이들이 떼로 몰려와 구경을 하고 있었다. 어떻게 내 딸을 도둑으로 모느냐. 내 자식은 내가 잘 알지. 남한테 가방 뒤짐을 당할 일은 절대 안한다. 어머니는 목에 핏대를 세우며 덩치 큰 문방구 여자를 한 대 더 칠 기세였다. 그때 투피스 차림의 키 큰 여자가 나타났다. 최신 유행하던 올림머리에 구슬 백을 들고 뾰족구두를 신은 친구의 어머니였다. 애가 물건을 훔쳤다면 일시적인 호기심일 수도 있다며 돈으로 보상을 할 것이니 그만하라고 미소를 머금은 채 차분한 목소리로 말했다. 그리고 빳빳한 지폐 한 장을 디밀고 친구를 데리고 유유히 사라졌다. 갑자기 어머니와 내가 범인이 되고 말았다. 우린 한참을 멍하니 서 있었다.

아침에 친구가 수첩만 산 줄 알았다. 분명 그 애가 쉬는 시간에 수첩에 순정만화 주인공을 그리는 것을 보았기 때문이다. 그런데 문방구 아주머니의 말을 빌리자면 친구가

가고 나서 살펴보니 탱탱한 고무공과 함께 딱지 두 판이 없어졌다고 했다. 그래서 교문 앞에 버티고 서 있다 하굣길의 우리를 도둑이라고 몰며 끌고 갔다. 그것을 본 동네 아이들이 당장 우리 집으로 달려갔고 어머니는 그 기막힌 통보를 받고 신발도 신지 못하고 달려왔던 것이다.

평소의 어머니라면 외출 치장이 좀 까다롭다. 손수 지은 한복에 옥가락지는 기본이다. 동백기름 바른 머리에 핀을 촘촘히 꽂고 겨울이면 옥색 물을 들인 명주 스카프까지 두른다. 잘 닦은 흰 고무신에 버선까지 갖춰 신고 맞춤한 가방도 든다. 여름이면 레이스 달린 양산도 필수다. 그런데 하필 그날은 낡은 천을 덧대어 꿰맨 자국이 뚜렷한 양말에 길이가 껑충한 치마를 입었다. 우리들의 옷을 짓고 남은 자투리 천으로 만든 블라우스는 아무래도 추레해 보였다. 게다가 머리도 부스스했다. 아, 친구 어머니의 진청색 투피스와는 댈 수도 없는 차림새였다.

문방구 여자가 취조하듯 친구의 가방을 뒤지자 딱지는 나오지 않았고 고무공과 함께 하늘색 문화연필 두 자루가 나왔다. 그 앤 자기 거라고 끝까지 우겼다. 그러자 주인 여자는 애먼 나를 닦달질을 했던 것이다. "네가 증인이잖아. 똑바로 말해. 친구가 훔치는 것 분명히 봤지?" 온갖 문초로 내 입을 열려고 했지만 나는 할 말이 없었다. 몸을 꼿꼿하게 세워 못 봤다고, 나는 죄인이 아니라고 강력하게 주장했으면 얼마나 좋으랴. 그러나 눈만 내리깔고 있었으니 사달이 단단히 나 버렸던 것이다.

구슬이 촘촘히 박힌 백을 든 여자의 출현으로 사건의 아퀴도 짓지 못한 채, 집으로 돌아오는 길은 참 멀었다. 어머니의 깁은 양말에 자꾸 눈이 갔다. 창피해서 고개가 땅바닥으로 자꾸 내려갔다. 떡심이 풀린 어머니의 어깨도 맥없이 내려앉았다.

"아이고, 빙충이. 입은 뒀다 엇다 쓰노."

대문 앞에 이르자 어머니는 주먹으로 자신의 가슴을 치더니 눈물을 보이며 휑하니 집으로 들어갔다. 겁쟁이 딸 때문에 자존심이 바닥에 떨어진 날이었다. 할 수만 있다면 먼지처럼 훅 날아 멀리 사라지고 싶었다.

가방 뒤짐을 당한 그 이후에도 자잘한 사건은 있었고 그때마다 어머니는 내 뒤통수에다 주먹총을 놓으며 제대로 보고 똘똘하게 이야기하라며 답답함을 드러냈다. 사물이든 사람이든 관계에 서툰 나는 다행인지 불행인지 꼭 봐야 할 것을 늘 놓치고 만다. 이기적인 모르쇠로 살고 싶었을지도 모른다. 곁눈질을 하고서도 무의식적으로 못 본 걸로 교묘하게 위장을 하며 살아왔다.

과일을 사러 갔다가 빈손으로 돌아온 나를 의아하게 바라보는 남편에게 아무 말도 하지 못했다. 눈치만 보다가 슬그머니 돌아서는 그는 빙충맞은 내 행동을 이미 알고 있을 것 같았다.

"내가 못 볼 것을 하도 많이 보고 살아서인지 너는 아예 보이는 것도 안 보기로 작정을 했구나."

어머니가 이렇게 푸념을 할 때면 꼭 덧붙였다. 그건 꼬름한(비겁하다의 경상도 사투리)행동이라고.

아침에 나는 비겁했다. 적어도 돈을 주고받는 것을 본 적이 없습니다. 단호하게 한마디만 했다면 단내가 풀풀 나는 과일을 두어 바구니 사 올 수 있었을 것이다. 먼지가 되고 싶었던 열한 살의 초여름, 그날처럼 진창에 빠진 기분이었다.

와불님 옆에 눕다

"닭이 울었다."

부처는 비탈에 그대로 누워버렸고 세상도 사람도 뻣뻣하게 굳어버렸다. 황석영의 대하소설 『장길산』은 그렇게 끝을 맺는다. 그들이 이루고자 했던, 천민이 주인이 되는 세상은 오지 않았다. 천지개벽은 그렇게 천불 천탑의 정성으로도 부족했던 것이다.

도선국사의 전설에도 하룻밤 사이에 천불 천탑을 만들고 맨 마지막에 와불을 일으켜 세우려 했다. 하지만 닭이 울었다고 거짓말을 한 동자승 때문에 부처는 일어서지 못하고 새로운 시대는 열리지 않았다. 그렇게 운주사 와불은 시와 소설 속에서 또 다른 전설이 되어가고 있다.

노벨상 수상작가 르 끌레지오도 가을비 오는 날 운주사

골짜기를 찾아가 두 와불님을 보고 "또 다른 시간과 공간을 꿈꾼다."고 노래했다. 눈을 뜨고 잠을 청하는 두 분 부처님 때문에 "세상이 전율한다."고 끝을 맺었다.

비 오는 가을날, 나도 와불님을 만나러 갔다. 소설의 대미를 장식했던 불상과 탑들은 대부분 덧없이 스러지고 숨어버려 천불 천탑의 흔적들만 남아있다. 『동국여지승람』에 분명히 기록되어 있지만 한 세기 동안 운주사는 까마득 잊힌 곳이었다. 동네 사람들은 불상이나 탑을 헐어다 주춧돌이나 섬돌로 쓰고 축대도 쌓았다. 벌떡 일어설 수 없는 와불은 동네를 지키는 장승도, 무덤 앞의 비석도 되지 못한 채 비를 맞으며 잠을 청한다. 천 년의 태평성대를 가져다주지 못해 눈을 부릅뜨고 오랜 세월 하늘바라기를 하고 있다. 이젠 고인 눈물을 닦아 내고 눈을 감겨 주고 싶다. 한 발짝 다가선다. 그리고 몸을 비스듬히 기울인 채 그 옆에 앉아본다. 이슬비가 어깨를 적신다.

연휴 끝자락이라 시끌벅적 많은 사람들이 찾아왔다. 누워있는 부처님을 향한 경배의 자세는 모두 어정쩡하다. 아장아장 걸음마를 떼는 아기가 아빠 품에 안겨 와불님을 내려다본다. 까만 눈동자가 잠시 정지된다. 손 잡고 온 연인도 있다. 그들은 무심히 부처를 내려다보며 무량무변의 사랑을 꿈꾸는지도 모른다. 겅중겅중 뛰어다니며 "넌 누구야!"를 외치는 유치원생도 있다. 제법 키가 큰 초등학생은

"일어나라 일어나 얍!" 기합까지 넣는다. 뒤따라 올라온 할머니 한 분이 고요히 합장을 하더니 "아이고, 어쩌누. 부처님이 비를 생으로 맞고 있네. 쯧쯧." 비 맞은 부처님을 감싸 안고 싶은 불심이 얼굴에 그대로 그려진다. 이래저래 소란스러워 부처님은 잠을 청하지 못할 것 같다.

고려는 귀족불교였다. 미륵신앙은 혁명을 바라는 천민과 노비들 사이에서 널리 퍼졌다. 귀족들이 아닌 민중들이 천불산 골짜기에 신앙의 중심지를 마련하고 고단함을 나눌 부처나 탑을 만들어 새로운 세상을 꿈꾸었다. 부처는 높은 대좌 위에 있지 않다. 우러러 숭배의 대상이 아니라 질곡의 삶을 살아내는 그들의 마음을 읽어줄 대상이었다. 그래서 투박한 모습으로 산기슭에 편하게 기대고 자유롭게, 얽매이지 않은 채 풀숲에 적당히 자리 잡고 있다. 얼굴을 맞대고 손을 잡고 이야기를 나눌 수 있어야 민중들에게 부처인 것이다.

아직 때가 되지 못해서일까. 아이의 힘찬 기합 소리에도 할머니의 간절한 기도에도 일어설 기미가 없다. 멀리 프랑스에서 온 작가의 시에도 응답하지 않고 꾹 다문 입술로 고요하다. 천둥이 치고 뭇매를 치듯 요란한 모다깃비가 쏟아져도 흔들리지 않을 자세라 부럽기만 하다. 일어서지 않으면 어떠랴. 우러러 바라보아야만 부처가 아니다. 그 옆에 누워 함께 별을 보고 낮에는 볕도 쪼이고 싶다. 두런두런

이야기도 나누고 싶다. 그것이 민중이 바라던 이상향이 아니었을까. 일어서지 못해 안타까운 것이 아니라 누워있어 신화가 되는 것도 괜찮은 일이다.

주어진 시간을 어쩌지 못해 불면에 시달리는 이 어리석은 중생은 와불 옆에 제대로 누워보지도 못한 채 돌계단을 밟아 내려온다. 숨은 그림 찾기 하듯 여기저기 흩어져 있는 부처들을 만나기 위해서다. 바위 틈에 엎드린, 언덕배기에 기댄, 오솔길에 올망졸망 정겹게 모여 있는 부처에게 인사를 건넨다. 코가 문드러진 부처, 얼굴이 기다랗고 목이 죽 빠진 부처, 다리도 없어 이웃에게 기댄 부처, 한쪽 팔이 떨어져 나간 부처. 모두 온 종일 비를 맞고도 태무심하다. 자연의 일부이다. 세상과 섞이지 못해 길을 잃고 갈팡질팡하는 나를 깨우친 그들의 어깨를 쓸어준다.

간간이 뿌리던 비가 그쳤다. 천불산 주위로 하얀 운무가 춤을 춘다. 운주사의 보물인 원형 다층탑과 구층석탑을 지나 운주사를 뒤로한 채 계곡을 따라 내려온다. 가을 운주사를 다녀오면 꼭 연락을 주라던, 자유분방한 작품을 선보이고 있는 화가에게 비 맞고 누워있는 부처의 모습을 꾹 눌러 전송한다. 그리고 사진 아래 덧붙인다. '부처는 일어서지 못한 것이 아니라 일어서지 않은 것이다.'

이별은 석가요 모세요 잔다르크다

정면을 향해 꼿꼿이 서 있는 사람들은 순간 얼음이 된다. 숨이 턱 막힌다는 표현은 이럴 때 하는 것이다. 사람들의 표정이 오묘했고 한동안 아무도 발길을 떼지 못한다. 옆에 서 있던 여자가 숨을 길게 내 쉬더니 가슴을 '툭툭' 두드린다. 한 남자가 엎드리거나 혹은 무릎을 꿇고서 사진기의 셔터를 계속 누른다. 참지 못하겠다는 듯 초로의 남자가 작품을 보호하기 위해 쳐 놓은 가이드라인을 넘어 들어가 수염을 쓱 쓰다듬고 나온다. 누군가 '얼음 땡!' 하고 외쳐주지 않아 나는 발이 땅에 붙은 채 꼼짝도 할 수 없다.

3m 크기의 거대한 청동 두상은 「이별」이라는 제법 큰 이름을 붙인 채 을숙도에서 가을볕을 받고 누워있다. 「이별」에 반사된 푸르스름한 빛이 내 가슴을 헤집고 들어와 기어

이 똬리를 틀고 만다. 엄청난 크기에 놀라고 치밀한 표현방식에 숨이 멎을 지경이다. 부산 비엔날레 조각 프로젝트에 출품된 작품, 극사실적인 인물 두상은 그렇게 사람들의 마음을 시퍼렇게 물들였다.

그 작품 앞에서 많은 사람들과의 이별을 되새김질하느라고 내 목은 바짝 마르고 잔기침이 계속 난다. 스무 살 꽃다운 나이에 호수에 빠져 하늘로 가 버린 친구는 내게 가장 쓰고 아픈 이별을 안겨주었다. 주검 앞에 무릎 꿇고 기도하던 그 아버지의 표정은 오랜 시간이 지난 지금도 차가운 청동 두상의 얼굴처럼 아리게 남아있다. 살다보면 이별은 예기치 않게 찾아오고 우리의 의지와는 상관없이 그렇게 왕바람이 되어 멋대로 휘몰아치기도 한다.

생생하다 못해 완벽한 이별을 구현한 얼굴 앞에서 숨을 죽이고 쏘아본다. 아니 몸을 앞으로 디밀어 자세히 들여다본다. 일순간 정지되어 굳은 모습이다. 엉클어진 머리카락 사이로 비통함도 묻어났다. 곤두선 눈썹에서 고뇌의 흔적이 역력하다. 불룩 튀어나온 목울대는 죽음을 예감케 한다. 수염은 한 올씩 세세하게 일어서 있다. 이별을 뛰어 넘은 삶의 절규 같기도 하다.

이별을 알지 못할 것 같은, 아찔한 젊음이 넘치는 한 무리가 테니스 라켓을 둘러매고 왁자지껄 떠들며 지나간다. 건강한 구릿빛 팔뚝과 튼튼한 다리는 온 세상을 떠안을 것만 같은 든든함이 물씬 풍긴다. 그런데 앞서가던 젊은이가 고개를 휙 뒤로 돌리더니 어두운 낯빛으로 작품을 응시한다. 뒤따르던 사람들도 일제히 고개를 뒤로한 채 잠시 멈춰 선다. 그러다 그들은 힘차게 발걸음을 뗀다.

예닐곱 살 되어 보이는 여자 아이 세 명이 지나다 뚝 멈춘다. 그리고 큰 두상을 보고 이상하다는 듯이 하하거리며 웃는다. "언니, 이별은 엄청 커다랗고 이상한 거야?" 키 작은 아이가 고개를 갸우뚱거리며 묻는다. '이별'이라고 또렷하게 쓰인 제목을 본 모양이다. 얼굴에서 점점 웃음기가 사라진다. "이별은 슬픈 거지. 그렇지?" 또 다른 아이가 조용히 말한다. "응. 정말 슬프고 이상한 거야." 제일 키 큰 아이가 단호하게 답하자 셋이서 손을 잡고 조르르 어디론가 달려간다. 아이들에게도 이별은 슬픔을 동반한다는 사실을 일깨워준다. 그러고 보면 이별 앞에서 자유로울 수 있는 사람은 아무도 없음을 한 발자국도 떼지 않고 터득해 버리고 만다.

한때, 이별은 홀가분한 것이라 여겼다. 아주 특별해서 내 몫이 될 수 없다고 오만함을 드러내기도 했다. 그러나 이별의 주인공은 항상 내가 되어가고 있음을 발견한다. 거대한 얼굴에서 뿜어져 나오는, 이별의 고통은 우리 모두의 것이 될 수 있음을 암시해 준다. 그래서 사람들은 이별 앞에서 가슴을 치기도 하고 이마를 찡그려 주름을 만든다. 흘깃 쳐다보고 무심한 척 지나치기도 하고 나처럼 한 발자국도 떼지 못한 채 난감한 처지에 놓이기도 한다.

'이별은 미의 창조'라고 했다. 이 세상의 수많은 예술품이 그러하고 문학작품에 가장 많은 제목을 달고 있는 것이 이별이다. 이별노래는 평생 불러도 못다 부를 것이요, 이별가처럼 목메인 노래가 또 어디 있을까?

이별을 예감하는 사람들은 그 앞에서 쉽게 떠나지 못한다. 얼굴을 찡그리고 가슴을 치며 한참이나 서 있던 여자가 무거운 걸음으로 떠난다. 애끊는 이별을 겪었을지도 모른다. 한참 동안 사진을 찍던 이들은 아쉬운 듯 천천히 다른 작품을 찾아간다. 돈단무심한 얼굴로 지켜보던 노인은 재빨리 그 자리를 뜬다. 얼굴에 그려진 주름만큼 많은 이별을 겪었을 노인의 뒷모습은 조각 작품처럼 그림자가 짙다.

갑자기 허허벌판에 홀로 남겨진 기분이다. 혼자서 오래 조각 작품과 마주하고 있으니 서서히 얼었던 몸이 풀리고 발도 가뿐해진다. 햇빛이 발끝에 와서 머문다. '얼음 땡!' 누군가 나를 향해 크게 외쳐 준 기분이다. 무엇이든 오래 바라보면 열리기 마련이다. 나는 가볍게 몸을 움직여 본다. 이만큼 살았으니 이별도 껴안아 내 것으로 만들고 수만 가지의 아픔을 드러낸 그 얼굴도 보듬어 주고 싶다. 그 많은 이별을 하고도 우린 늘 이별 앞에 서 있기 마련이니까.

한용운은 그의 시 「이별」에서 죽음보다 이별은 훨씬 위대해서 “이별의 눈물은 석가요, 모세요, 잔다르크.”라고 끝을 맺었다. 「이별」이란 거대한 두상 앞에서 석가를, 모세를, 잔다르크의 고뇌를 생각한다.

지리산 호랑이

"지리산 범이 물어갈 가스나 쯧쯧!"

"지리산 호랭이는 뭘 하는지 몰라."

어릴 때 수없이 들었던 소리다. 그래서일까, 분명 지리산 어딘가에 호랑이는 살고 있을 거라고 굳게 믿었다. 나쁜 짓을 하거나 나처럼 덜떨어진 아이들, 그리고 위선적인 사람들을 꾸짖는 산중호걸로 지리산에 터를 잡아 살고 있는 친근한 동물이었다. 날카로운 이빨이나 치켜세운 발톱, 빛나는 눈동자도 겁을 주기 위한 것일 뿐 사람을 해치지 않을 거라는 믿음이 있었기에 호랑이 그림도 반가웠다.

특별전이 열리는 박물관의 어두컴컴한 전시장 안에서 호랑이와 만난다. 김홍도의 「송하맹호도」다. 여러 번 찾아가 눈을 마주치다보니 맹수가 아니라 어릴 때 수없이 들었던 지리산 호랑이의 모습이다. 마치 기다리고 있었다는 듯이 어슬렁어슬렁 그림 밖으로 나온다.

김홍도가 그린 호랑이가 친근한 것은 오주석 선생님 때문이기도 하다. 그는 「송하맹호도」를 세계 최고의 호랑이 그림이라고 했다. 보는 이를 압도하는 이 그림을 초국보급이라고 예찬했는데 그림에 문외한인 나도 한참 들여다보고 있으면 호랑이가 살아서 움직이는 듯한 역동성을 느낄 수 있다. 굵고 긴 꼬리는 점잖고 엄숙한 태도가 그대로 드러나고 두툼하게 짧은 다리와 공격의 자세를 취한 발톱은 민첩함을 보여준다. 무엇보다 기막힌 것은 세세한 붓놀림으로 그려진 털이 하나하나 꼿꼿하게 일어서는 듯한 묘사력이다. 그리고 어둠 속에서 빛을 내는 눈동자는 위엄이 한껏 서려 있다.

김홍도는 진짜 화가다. 영조 임금이 유독 그 남자를 감싸고 칭찬한 이유를 알 것 같다. 바늘보다 더 가는 붓으로 수만 번의 붓질을 하여 터럭 한 올 한 올 살아 움직이게 하는 것은 재주가 아니라 그것을 뛰어넘은 경지일 것이다. 그러기에 세상에서 가장 아름다운 문양의 호랑이를 탄생시켰다. 묵직하면서도 유연하게 보이는 몸체는 그 문양 때문이다.

지리산 아랫동네 사람들은 분명 호랑이를 보았다고 했다. 시천면에 사는 강 포수가 잡은 호랑이가 집채만 했으며 그 호피를 진주의 부호가 거금을 들여 사 들였다고 힘주어 말했다. 일제강점기 때는 일본 순사가 총으로 지리산 호랑이를 잡아 경찰서 마당에 묶어놓은 일도 있었다. 인근 십 리 밖의 사람들까지 몰려와 구경을 했으나 지리산 산신령이 진노할 거라고 벌벌 떨면서 돌아갔다는 이야기가 전설처럼 떠돌았다. 그땐 지리산에 호랑이가 분명 있었다.

「송하맹호도」를 볼 때마다 지리산에 살던 건장한 남자도 같이 만난다. 그는 호랑이 옆에 떡 버티고 서 있다. 지리산에서 나고 자라 호랑이랑 동무했다는 친구 할아버지다. 깊은 골짜기에서 나무를 하다 길을 잃으면 호랑이가 홀연히 나타나 길잡이를 해 주었다. 멀리 산을 넘어 장에 갔다 돌아오는 늦은 밤, 칠흑같이 어두운 산길을 앞서 가는 호랑이를 따라 집으로 오곤 했다. 그분은 구척장신에 호방한 성품으로 두툼한 발이 호랑이를 닮았다. 할아버지 등에 업히면 호랑이 등에 탄 것 같다고 친구는 자랑을 했었다.

그렇게 많던 지리산 호랑이는 어디로 갔는지 흔적도 없다. 일본은 호랑이를 닮은 우리나라 사람들의 씩씩한 기상에 겁을 먹고 전국의 산을 뒤져 호랑이를 모조리 잡았다고 어른들은 수군댔다. 세계에서 가장 크고 빠르다는 조선 호랑이는 그렇게 멸종되었다. 언제부턴가 고향 사람들은 호랑이 이야기를 하지 않았다. 지리산 호랑이가 무얼 먹고 사는지 궁금할 이유도 없어졌다. 범한테 물려 갈까봐 조신하게 행동했던 나도 호랑이는 잊고 살았다.

지리산은 민족의 영산이다. 그곳에 터 잡고 살았던 호랑이는 의지가 필요했던 나약한 인간들의 비빌 언덕이었다. 지리산을 에워싸고 이념전쟁으로 세상이 시끄러울 때는 산 아래를 향해 쩌렁쩌렁 울리는 그 포효를 사람들은 듣고 싶어 했다. 하지만 지리산 호랑이는 어디에도 없다.

조선의 명포수와 지리산의 전설적 호랑이 이야기 「대호」는 박훈정 감독과 배우 최민식이 보여준 우리의 기개였다. 일본은 지리산 호랑이 토벌에 혈안이 되고 호랑이 가죽을 최고의 전리품으로 여겼다. 감독은 지리산 호랑이를 통해서 우리 민족의 씩씩한 기상을 보여주려 했다. 최고의 포수인 천만덕은 어쩌면 어릴 때 들었던 그 강 포수일지도 모른다.

「송하맹호도」를 들여다보고 있으니 지리산의 빗점골과 피아골, 그리고 칠선계곡도 그립다. 호랑이를 닮은 친구 할아버지는 세상을 떠난 지 오래되었다. 천왕봉이 보이는 고향집에는 아무도 없다. 그래도 호랑이가 자주 나왔다던 시천면으로 길을 잡아본다.

"아이고, 지리산 범보다 무서운 저놈 봐라."

"지리산 호랭이는 무얼 먹고 사는지 몰라."

이 그리운 소리를 찾아가는 길이다. 지리산에 꼭 있어야 할 산 지킴이를 잃은 안타까움은 지리산을 찾아갈 때마다 묵직하게 다가온다.

최고의 밥상

화려한 영상이 펼쳐지는 화면을 숨죽이며 본다. 빠른 손놀림과 리드미컬한 칼질, 온갖 고명이 등장하고 형형색색의 요리가 화면에 가득 찬다. 종잇장처럼 떠서 만든 생선회와 멋들어진 그릇에도 눈과 마음을 빼앗긴다. 허영만의 만화 「식객」이 독서계를 강타하더니 영화화되어 관객을 사로잡았다. 식객에 이어 음식에 관한 일본의 장편 만화가 쏟아져 나와 낙양의 지가를 올렸다. 「맛의 달인」, 「미스터 초밥왕」, 「아빠는 요리사」, 「신의 물방울」, 제목만 들어도 은근히 사람을 끌어들여 맛에 대한 궁금증을 일게 한다.

먹고사는 일이 최상의 과제인 인간살이에 요리만큼 사람들을 매료시키는 것도 드물다. 잘 먹고 폼 나게 살아보려는 현대인들은 요리라는 매력 있는 콘텐츠에 서서히 빠져들고 있다. TV에도 요리 쇼가 중요한 프로그램으로 자리를 굳히더니 신문에도 빠지지 않고 등장한다. 전국을 누비며 맛집을 찾아다니는 사람도 있고 미식가 동호회도 영향력을 행사하는 시대다. 맛 칼럼니스트의 글이 심심찮게 지면을 장식하고 푸드스타일리스트란 근사한 직업도 있다. 우리는 맛의 르네상스 시대에 살고 있다.

보기 좋은 떡이 먹기에도 좋다고 했다. 그래서일까. 요즈음 요리들은 지나치게 겉모양에 치중한다. 오감을 만족시키려면 우선 눈과 혀를 사로잡는 일이 중요하지만 화면이나 잡지 속의 요리들은 지나치게 요란하다. 나는 미식가들의 화려한 수사를 앞세운 말의 성찬을 믿지 않는다. 맛은 글이나 말의 평가가 아니라 마음의 그릇에 담겨야 한다. 먹는 것에 인위적인 것이 가미되면 본래의 맛을 잃게 되고 지나친 양념은 혀끝을 마비시키고 만다.

언제부턴가 우리는 찰나의 맛에 길들여져 있다. 매콤달콤한, 새콤새콤한 혀끝에 감기는 자극적인 맛이 그렇고 쫄깃쫄깃, 아삭아삭한 씹히는 맛을 좋아한다. 그리고 목안으로 넘길 때의 칼칼한 것 등 오직 입안에서 일어나는 현상을 맛이라고 여긴다. 음식이 마음을 움직여 깊숙이 내 안에 들어와 내는 맛을 읽으려 하지 않는다.

최고의 요리도 오래 먹을 수 없고 혀끝을 만족시키는 맛도 질리기 마련이다. 풍성하게 잘 차려진 성찬이 된장에 찍어먹는 오이나 고추 맛을 따르지 못할 때도 있다. 국적도 분명치 않는 퓨전요리보다 밥, 국, 김치, 나물 같은 소박한 기본 밥상 앞에서 행복을 느끼는 사람도 많다. 질펀한 음식 평이 마음에 들지 않는 것은 먹는 것은 숭고한 일이기 때문이다. 먹기 위해 우리는 얼마나 힘들게 살고 있으며 한 끼 밥을 위해 온 힘을 다 바치는 사람도 있다. 먹는 것은 평가할 대상이 아니라 삶을 투영하는 행복의 대상이기 때문이다.

어머니는 맛있는 음식을 평가할 때 '심심하다'고 했다. 그 한마디에 모든 맛의 원천이 들어있다. 기본의 맛에 충실하게 되면 깊고 오묘한 맛, 감칠맛이나 담백한 맛도 심심한 맛으로 통일된다. 어머니께서 말하는 심심한 맛이란 '조금 싱거워 삼삼한 맛'이란 사전적 의미의 맛이 아니라 심심深深하다는 뜻이다. 아주 깊어 더 이상 비교할 수 없는 맛을 일컬었다. 그건 재료가 가진 본래의 맛이 제대로 난다는 뜻이다.

나는 오랫동안 어머니의 심심深深한 맛을 심심心心하다로 정의했었다. 그건 지금도 마찬가지다. 마음이 포개질 정도로 모두에게 깊은 맛을 주는 것을 심심心心하다로 표현한다. 혼자가 아니라 다른 사람과 밥상을 마주하고 앉아 밥을 먹는 일은 마음을 열고 서로를 알아가는 것이다. 모르는 사람도 그렇게 음식으로 마음을 연다. '밥에서 정이 난다.'고

했다. 그건 오랜 진리다.

어머니는 열려있는 대문으로 들어오는 많은 사람들에게 따뜻한 밥과 정성이 담긴 찬으로 대접을 했다. 부엌에는 항상 밥이 준비되어 있었고 따뜻한 국이 냄비에서 떨어지는 날이 없었다. 어머니 돌아가신 지 이십 년이 훨씬 지났는데 아직도 제사상에 올릴 생선을 보내주는 이도 있다. 어머니의 밥을 잊지 못한 분이다. 그렇게 음식은 질긴 인연을 맺어주기도 한다.

"음식의 맛은 혀끝에 있는 것이 아니라 마음에 있다."「식객」의 첫 장면에 나오는 이 대사 때문 그 영화를 두 번이나 보았다. 어머니가 말한 마음의 요리가 어떤 것인가를 확인하는 일이기도 했다.

박고지나 무말랭이가 바람에 말라가던 마당, 봄이면 멀리 지리산으로 가서 산나물이나 고사리를 뜯어오던 정성, 햇볕 잘 들던 장독대, 담장 위로 뻗어나던 호박넝쿨에 달리던 애호박, 텃밭에 가꾸던 채소. 이런 것들이 우리의 소박한 밥상을 채우는 맛의 원천이었다. 그냥 그곳에 있는 맛, 자연이 주는 그만큼의 맛에 만족하는 것이 최고의 밥상이다. 맛을 키우는 건 자연이다. 햇볕과 바람, 물과 불의 어우름이다. 대지에 발을 딛고 사는 우리에게 자연의 맛이 진미다.

내가 만드는 음식 레시피에는 햇살 한 움큼, 바람 서너 조각, 정성 한 바가지를 빠짐없이 넣어 심심深深하고 또 심심心心한 맛을 내고 싶다. 그리하여 어머니처럼 누구에게나 최고의 밥상을 차려주고 싶은 날, 대문 활짝 열어 밥으로 정을 나누고 싶다. 혀가 아닌 마음으로 맛을 느끼는 손님이면 좋을 일이다.

벼루 이야기

쌍운문 벼루

인사동 골목길을 지나는데 무엇인가 눈을 확 끌어당겼다. 다리가 달린 벼루였다. 온갖 잡다한 물건 속에 섞여 있었지만 첫눈에 보아도 보통 벼루는 아니었다. 어찌 내 눈에만 걸렸을까. 벼루라면 먹고 자는 일을 마다하고 보러 다니는 서예가 규빈 선생은 조금씩 흥분하기 시작했다.

젊은 주인은 어느 스님이 돈이 모자라 예약한 것이라 팔 수 없다고 난색을 표했지만 임자는 따로 있는 법이다. 무지개다리가 아름다운 벼루는 결국 선생의 손에 들어오고 말았다. 주인은 "허, 참."을 연발했지만 같이 간 여러 사람의 주머닛돈을 탈탈 털어 벼루를 어렵사리 넘겨받았다. 내 것처럼 기뻤다. 선생의 집에 있는 수많은 벼루는 내 손을 많이 타서 언제든지 안고 쓰다듬어 주어도 주인인 양 무심히 받아주기에 벼루 사는 일을 더욱 부추겼다. 그 무거운 걸 안고 흥분으로 빨갛게 된 선생의 얼굴빛과 벼루의 돌 색깔이 닮았다. 벼루는 자연색 화강암 쑥돌이지만 언뜻언뜻 붉은빛을 띠었다.

재미있는 건 장방형에 가까운 큼직한 돌에 똑같은 모양의 바닥과 물집을 대칭으로 두 개를 만들었다. 나란한 두 개의 물집은 소박한 구름무늬로 고졸한 멋이 풍기고 보기 드물게 다리까지 갖추었다. 그러니까 '쌍운문 무지개다리 벼루'이다. 단단한 돌에 먹을 얼마나 갈았는지 아랫부분의 불그스름한 빛이 드러났다. 늘 보던 벼루는 점판암이 많았는데 자연석 화강암이라 무겁기도 하지만 친근했다. 넉넉한 구름무늬가 담긴 두 개의 나란한 물집에 찰랑하게 물이 고인 모습을 상상하니 마음이 먼저 촉촉해졌다.

다리가 있어 완상하기에 좋은 이 벼루의 정체가 궁금했다. 자연석이긴 하지만 바닥은 매끄럽다. 먹을 간 것이 아니라 다른 용도로 쓰였을 것 같다. 조선시대에 '연지연'이라는 것이 있다. 여인들이 연지를 갈아 쓰는 화장용 벼루로 귀한 옥으로 만들어 썼다. 이 벼루 또한 먹물이 밴 흔적이라곤 없어 다른 용도가 아니었을까 싶다.

벌써 여러 번째 이 벼루를 만나러 선생 댁을 들락거린다. 가끔 벼루를 앞에 두고 무지개다리에 걸린 구름에 붓 하나

걸쳐놓고 허공에다 글씨를 써 본다.

벼루의 눈 부처의 눈

단계연 벼루에는 눈이 박힌 것도 있다. 청회색 벼루에 누런색이나 검은색으로 동그랗게 박혀 있다. 그래서 예술품이 된다. 벼루에 눈이 있다는 사실은 재미있다. 글을 쓰는 사람을 눈빛으로 나무라기도 하고 은근히 부추기거나 칭찬을 아끼지 않는다.

실크로드 여행에서 돈황 막고굴을 갔다. 막고굴은 세계적인 불교문화의 성지요 동양미술의 보고다. 그곳에서 많은 부처를 보았다. 은근한 미소의 부처와 보살상의 표정은 한결같이 온후했다. 입가의 미소도 그러하지만 깨달음을 얻기 위해서나 설법을 할 때의 눈은 신비했다. 반쯤 감긴 눈이나 둥글고 자비로운 눈을 본 후 막고굴을 나오니 찬란한 빛이 부서져 내렸다. 더위를 식히기 위해 얼음물을 사려고 들어간 가게에서 눈에 띈 것은 단계연 벼루 한 점이었다.

주인은 '앤티크'를 중국식 센 발음으로 강조를 했지만 오래된 벼루 같지는 않았다. 하지만 구도가 잘 잡힌 전체적인 모습은 돈황의 명사산을 닮았고 물집은 초승달 모양의 월아천을 그대로 옮겨 온 듯했다. 물집 위로 막고굴에서 본 벽화의 한 부분인 비천상이 섬세하게 조각되어 잠시 선정에 든 듯 몸이 붕 떠올랐다. 무엇보다 벼루의 눈이 선명하게 박혀 있었다. 그러니까 벼루 하나에 돈황의 예술세계가 집약된 것이었다.

막고굴에서 불보살의 은근한 눈빛 때문에 한 달 열흘은 순수한 영혼으로 살아가리라 가슴 울렁이고 있는데 벼루의 눈은 부처의 눈 이상으로 마음을 헤집고 들어앉았다. 벼루를 만든 장인의 마음이나 막고굴에 부처를 조성하고 벽화를 그린 불성이나 깨달음을 얻기 위한 것이 아니었을까 싶어 숨을 들이쉬었다.

돈황을 지나 사막의 도시 투루판에 갔는데 투루판 호텔에 자리한 상점에서도 단계연 벼루 두 점을 보았다. 은은한 갈색을 띤 벼루의 눈은 사막을 여행하는 동안 내내 가슴에서 떠나지 않았다.

천의 자락을 휘날리며 하늘로 오르는 비천상의 초승달 벼루는 나랑 실크로드 여행을 무사히 마치고 돌아와 규빈 선생의 집에 안착을 했다. 막고굴에서 본 불상의 미소가 그리울 때, 은근하게 중생을 내려다보던 부처의 눈이 생각날 때마다 살아있는 듯한 눈을 가진 벼루를 보러 간다.

남포석 포도문연

대구 문화의 중심지인 중앙로에는 전시장과 갤러리가 많다. 대구의 인사동이라 불리는 곳으로 고미술품점도 줄지어 있다. 그곳에서 벼루 한 점을 발견했다. 몇 년 동안 손 한 번 가지 않았는지 아예 먼지 속에 푹 파묻혀 있었다. 고서적을 주로 다루는 곳이라 천장까지 쌓인 책에서 나오는 먼지가 풀풀 날리고 종이 냄새가 조금은 역겨웠다.

도자기 몇 점에 섞여 있는 벼루는 문외한인 나에게도 예사롭게 보이지 않을 만큼 좋은 작품임을 단번에 알 수 있었다. 집어들어 보니 손안에 쏙 들어오는 것이 작지만 결코 가볍지 않은 벼루였다. 물집 주변에 포도 무늬가 양각으로 섬세하게 조각되어 있고 사슴 한 마리가 물집 쪽으로 고개를 숙이고 물을 마시는 장면인데 '야! 이것 봐라.' 속으로 감탄을 했다. 아주 평화스러운 장면이었다. 바닥의 먼지를 닦고 보니 날이 단단하고 결이 고와 먹을 갈면 마묵이나 발묵 또한 그만일 것 같아 욕심이 생겼다. 주인에게 이것저것 물어 보았지만 팔 마음이 없는지 대답이 없다. 그냥 좋은 남포석이라고만 했다.

우리나라 벼루의 대부분이 남포석이다. 하지만 좋은 남포석은 중국의 단계석만큼이나 우수하다는 것쯤은 나도 알고 있는지라 까만색 돌은 한정 없이 마음을 끌었다. 앞뒤로 들여다보고 쓰다듬고 만져도 주인은 책만 이리저리 살피느라 눈길도 주지 않았다. 내 집요함에 못 이겨 넌지시 가격을 알려주었다. 생각보다 훨씬 비싸서 감히 엄두를 내지 못하고 가게를 나왔다. 주인은 조금도 양보할 생각이 없었다.

집에 돌아와 생각하니 새록새록 후회가 되었다. 한 달쯤 지나 다시 대구로 갈 핑곗거리를 만들어 고미술품 거리로 달려갔다. 그러나 가게는 문이 꼭꼭 잠겨 있었다. 옆집에 물어보니 주인은 며칠째 문을 닫고 옛날 책을 구하러 멀리 출타중이라 했다. 힘만 빼고 돌아오니 더 안달이 났다.

대구로 일주일에 이틀 강의를 나가는 미술선생에게 부탁을 했다. 마침 그쪽으로 전시회를 보러 갈 일이 있다고 하여 단단히 일렀다. 그러나 이미 벼루는 없었다. 주인은 그 벼루를 고서적과 맞바꾸었다고 했다. 그러니까 그 집에 있던 책을 제외한 도자기나 다른 물건은 그런 용도로 쓰이는 것이라 팔 생각이 별로 없었던 것이다.

기회를 놓쳤다고 생각하니 허탈감이 밀려왔다. 나는 서예가도 아니고 수집벽도 없어 벼루가 소용에 닿지 않으면서 늘 관심의 대상이었다. 하지만 아직도 그 벼루를 들었을 때의 무게감이 남아있다. 긴 목을 내려 물을 마시던 사슴의 모습이 마음에 양각되어 있어 한참은 서운하다. 허한 마음을 달래려고 보령의 남포지방으로 길을 잡는다.

서생포성을 오르다

스님의 장삼 자락이 해풍에 펄럭인다. 가파른 언덕길을 숨도 고르지 않고 뚜벅뚜벅 걸음을 뗀다. 머릿속은 복잡하지만 눈빛은 형형하게 빛난다.

선조 27년 4월, 사명대사는 그렇게 서생포성의 본진 깊숙한 곳으로 향한다. 왜장 가토 기요마사와의 협상을 진행하기 위해서다. 봄꽃은 흩어져 내려앉는다. 나무에는 새순이 파릇하게 솟고 땅에는 풀꽃들이 햇살을 받아 지천이다. 그런 자연의 조화로움과는 달리 높은 성벽은 모서리가 날카롭고 경사는 급하다. 절로 얼굴이 굳어진다.

적진을 향해가는 두려움은 없으되, 왜적의 야비한 욕심을 잠재울 묘수가 없어 유정의 발걸음은 더디고 무겁다. 우려한대로 강화조약은 결렬되고 만다. 요구조건이 황당하고 무례했다. 제 나라로 돌아가는 일이 당연한데 남의 나라 국토를 뚝 떼어 달라고 하질 않나, 조선의 왕자를 인질로 데려가겠다고 하질 않나, 정말 어처구니없는 일이다. 임진왜란이 끝난 뒤에도 왜군은 완전히 철수하지 않고 조선의 동남단을 점령하고 곳곳에 그들의 방식으로 성을 쌓아 이렇게 조선 백성을 괴롭혔다.

진주성의 전투에서 주력군을 잃고 전의를 상실한 왜군들은 동남해안으로 내려와 30여 개의 성을 쌓고 장기전에 돌입한다. 우리 민초들을 동원한 축성이었다. 서생포 왜성도 그중의 한 곳이다. 그 땅에 발을 디딜 때면 음습한 기운이 몸을 휘감는다. 나무 그늘도 유난히 짙다. 아무리 푹신한 운동화를 신어도 발목이 시큰대고 가슴에 싸한 통증마저 일어난다. 봄날 꽃구경을 올 때도 그랬고 늦은 여름 성문 입구에서 빨갛게 익은 청미래덩굴 열매를 볼 때도 마찬가지였다. 조선인 10만 명을 동원해 쌓았다고 하니 잘 익은 붉은 열매가 7년 전쟁에 시달리던 그들의 피눈물 같았다.

나는 진주성이 있는 곳에서 어린 시절을 보냈다. 동네 이름도 본성동이다. 남강을 빙 둘러 쌓은 성. 그 안동네는 사철 좋은 놀이터였다. 백성들과 함께 진주성을 지킨 김시민 장군은 우리의 영웅이었다. 임진왜란 때 승병들을 양성한 성안의 호국사는 어머니에겐 일상의 기도처였다. 촉석루 마루에서 검무도 배우고 논개의 기운이 서린 의암 바위를 오르내리며 언젠가 진주대첩을 배경으로 소설을 써보리라. 그렇게 꿈꾸며 자랐다. 그러나 나는 진주에서 보낸 시간보다 더 많은 세월을 울산사람으로 살고 있다. 진주성에 대한 기억을 잊어가는 대신 지금 울산을 이야기하고 있다.

가토 기요마사는 협상에 나서는 유정을 꺼려했다. 대사는 그만이 지닌 담대함과 송곳처럼 예리한 기지로 나라를 구하고자 했으니까. 서른넷의 젊은 왜장은 쉰한 살의 노련한 의승병장을 대하기가 껄끄럽고 거북했을 것이다. 그래서 3차회담 때에는 유정을 배제하고 이겸수를 단독으로 만나 강화회담을 했다. 조선에 대한 그들의 집착을 내려놓지 못해 당연히 실패하고 말았다.

가을빛이 완연한 날, 성내마을을 지나 서생포성을 오른다. 420여 년 전, 사명대사와 울산사람 이겸수가 적진을 향해 맨몸으로 오르던 그 길을 나도 느릿하게 따라 올라가본다. 해넘이의 바람이 차다.

한 남자가 나뭇가지를 아름드리 묶어 한쪽 어깨에 턱하니 올려서 내려온다. 한 손에는 낫을 들고 있다. 걸음걸이가 발밤발밤하다. 지친 기색이 역력하다. 언덕길에 있는 과수원에서 종일 일을 한 모양이다. 아마 그는 성내마을에서 나고 자란 사람일 것이다. 오래전, 어깨에 피가 나도록 돌덩이를 끌어 올려 성벽을 쌓았던 한 남자의 후손임에 틀림없다. 누군가의 아들이고 또 지아비며 아비이기도 했을 서생포 갯마을 남자는 전쟁의 세월을 견뎌내고 자식들을 길러냈다. 왜군이 물러간 자리에 농사도 짓고 바다에 그물을 던져 멸치를 잡아 울산으로 나가 장사도 했다. 모진 세상을 건너온 사람의 후손이기에 나뭇단을 어깨에 올린 그 남자가 든든하다. 일몰이 가져다주는 붉은 빛에 몸을 적시며 동요를 흥얼댄다. 새 소리도 싱그럽다. 서생포성을 오르는 일이 늘 이랬으면 좋겠다.

조선의 끈질긴 저항에 왜군은 물러났다. 하지만 명나라의 힘을 빌려야만 했던 아쉬움은 길게 남아 있다. 서생포왜성도 결국은 명나라의 마귀장군에 의해 함락되었다. 이래저래 성으로 오를 때면 마음이 묵직하게 가라앉곤 했다. 산뜻한 옷차림을 한 날에도 마찬가지였다.

그런데 참 이상하다. 바람을 맞고 싶을 때, 청미래덩굴의 붉은 열매을 보고 싶을 때, 봄꽃 분분하게 흩어지는 날에도 이 가파른 산길을 오른다. 서생포 저 소박한 포구에 총칼을 앞세워 왜구들이 몰려 든 것을 잊지 않으려고, 잊고 싶지 않아서이다. 무엇보다 유정의 결기를 품고 싶어서다.

어둠이 서서히 내려앉는다. 본성으로 들어가는 돌계단을 천천히 오른다. 유정도 울산사람 이겸수도 밟고 오른 곳이다. '푸드덕' 머리 위가 수선스럽다. 아름드리 고목에 곤줄박이 두 마리가 짝을 지어 날아든다.

연보

· 1954년 경남 진주에서 아버지 배기용과 어머니 오덕순의 1남 3녀 중 첫째딸로 태어남.
· 1967년 진주 봉래초등학교 졸업
· 1970년 진주여자중학교 졸업
· 1973년 진주여자고등학교 졸업
· 1975년 진주교육대학 졸업
· 1976년~ 2007년 초등학교 교사로 근무
· 1977년 『월간문학』에 「모시의 멋」으로 등단
· 1979년~ 김이헌과 결혼 (딸 지유, 아들 주경)
· 1989년 수필집 『목마할아버지와 별』 출간
· 2001년 수필집 『양파 썰기』 출간
· 2015년 수필집 『밥』 출간
· 2017년 수필집 『토마토 그 짭짤한 레시피』 출간
· 2017년 여행 에세이 『배혜숙의 한국 탑 순례』 출간
· 제4회 울산문학상 수상
· 제15회 춘포문화상 수상
· 제13회 황의순문학상 수상

현대수필가 100인선 Ⅱ· 56
배혜숙 수필선

너희가 라이파이를 아느냐

초판인쇄 | 2019년 02월 20일
초판발행 | 2019년 02월 25일

지은이 | 배 혜 숙
펴낸이 | 서 정 환
펴낸곳 | 수필과비평사 · 좋은수필사

주 소 | 서울시 종로구 삼일대로 32길 36.
(익선동 30-6) 운현신화타워 305호
전 화 | 02)3675-5635, 063)275-4000
등 록 | 제300-2013-133호
홈페이지 | http://www.shinapub.com
e-mail | essay321@hanmail.net

값 8,000원

ISBN 979-11-5933-207-4 04810
ISBN 979-11-85796-15-4

이 도서의 국립중앙도서관 출판시도서목록(CIP)은 서지정보유통지원시스템 홈페이지(http://seoji.nl.go.kr)와 국가자료공동목록시스템(http://www.nl.go.kr/kolisnet)에서 이용하실 수 있습니다.(CIP제어번호: CIP2019002879)